D1618947

FÁTIMA SAOUD

YO SOY
Mariposa

El despertar de tu valentía

"DEJA DE FINJIR UNA VIDA QUE NO TE HACE FELIZ Y PERMÍTETE TRANSFORMARTE EN MARIPOSA"

El 10 % de este libro van a ir destinados a varias organizaciones de apoyo. Más información en las últimas páginas.

Título: *YO SOY MARIPOSA*
© 2017, Fátima Saoud
fatimasaoud0407@gmail.com

De la edición y maquetación: 2017, Romeo Ediciones
Del diseño de la cubierta: 2017, Romeo Ediciones

Primera edición: septiembre 2017
Impreso en España
ISBN-13: 9781549890697

ESTOY PARA SERVIRTE.

Si necesitas más información sobre mis mentorias privadas o progra-
madas online. O adquirir mis libros, charlas o conferencias. O suge-
rencias o alguna duda, puedes contactarme en:

info@fatimasaoud.com

o

Llama a este telefono movil o manda un whatsapp: (+34)
694440495

o

Consultar mi web: www.fatimasaoud.com

TE ATENDERÉ CON MUCHO GUSTO.

GRACIAS POR SER Y ESTAR ♥

ÍNDICE

¿Hasta cuándo vas a dejar tu destino en sus manos?

¿Te duele lo bastante como para Dar el paso ya?

El boom de mi despertar, mi lección de vida.

Tu enfoque.

La curación, empieza por la mente.

El significado emocional de la enfermedad.

Emociones escondidas.

Vemos lo que nos interesa ver.

El espejismo entre padre / madre e hijo.

Los niños expresan lo que los padres se callan.

Brotando tu valentía.

Mi huida a otra cuidad, otra realidad.

Mi estancia en londres.

Un soplo de aire fresco.

Encontrando el camino.

Proyectando lo que llevas dentro de ti.

Querida niña interior.

Un encuentro poderoso.

Sin perdón no hay paraíso.

Culpar a otros.

Te culpas.

Creer para crear.

Siente tu valor.

Y tú no quieres vivir eso, ¿verdad?

Deja de buscar fuera, conéctate con tu poder.

Aprender a perdonar.

Quién eres

¿Lo sigues dudando?

Te lo dedico a ti abuelo que estando en el cielo

me sigues guiando los pasos a seguir ♥

TESTIMONIOS.

"En el libro de Fátima he encotrado el coraje que todos necesitamos para transformar nuestras vidas. Es una joya que vibra con una fuerza inigualable. Sus páginas están impregnadas de la esencia de una mujer ejemplar, que nos ayuda a darle el giro a nuestra vida que tanto deseamos. Gracias Infinitas por este maravilloso regalo !! "

Vanessa Segui Diez Autora de "Vive tu Grandeza"

"Tras leer el borrador de esta obra que tienes en tus manos, no tengo más que felicitar a la Autora por semejante acto de Valor y Amor, al compartir las intimidades de su infierno personal. Siendo su historia un claro ejemplo del eslabón que rompe la cadena y un referente a seguir. Intuyo que su lectura será catártica y liberadora para otras mujeres en situaciones similares, en cualesquiera cultura, sociedad y/o familia que habite. **"La verdad, sin víctimas ni verdugos y desde el Amor, nos hará libres"**

Andrés Espinosa Psicólogo, Autor de " El IMPARABLE Renacer del Corazón" y conferenciante.

"Yo soy mariposa es uno de esos libros reveladores que consiguen llegar a lo más profundo del alma. Su autora, Fátima Saoud, nos narra en primera persona cómo ha sido su propia transformación de oruga a mariposa, una transformación repleta de obstáculos, que la misma Fátima ha sobrellevado de manera magistral. Sobrecogedora y al mismo tiempo inspiradora, una apasionante historia sobre la que aprender y coger impulso, con el objetivo último que todos perseguimos, permitirnos volar. Gracias Fátima por compartir tu experiencia y ser un ejemplo vital".

Pilar Sanz Cervera, Autora de "Adultos despiertos, niñ@s felices".

" Fátima es un divino ejemplo de superación y transformación personal. En este libro, ella relata delicadas situaciones personales que nos hablan, sin lugar a duda, del amor profundo que existe en su corazón. Gracias Fátima por demostrarnos con tu ejemplo que el amor puede transformar profundamente nuestra vida"

Ángeles Abella, Autora de "¿Y si TÚ fueras DIOS...?".

"**YO SOY MARIPOSA**, no es solo un libro que te lleva a transformarte. Es un proceso de aprendizaje constante, en el que rezuman las ganas de volar, logrando cautivarte".

Laura Escribá, Autora de "Sensaciones".

"Un libro para espíritus valientes. Quedo profundamente agradecida de leer estas páginas llenas de fuerza e instinto de superación. ¡Gracias Fátima!"

Carmen Conde Canencia, Autora de "La Gran Re-Evolución de los Alegres"

"Desde un principio me cautivo, me hizo experimentar sentimientos de tristeza, amor y después el poder, desde su fortaleza nos muestra el camino a tomar. Lo Recomiendo desde mi corazón. Deseando leer su próximo libro".

Eme Tóth, Autora de "Volver a creer".

"**YO SOY MARIPOSA**" Fátima Saoud nos relata su conmovedora historia de superación para conseguir convertirse en la mujer valiente y segura de si misma que es hoy. Sin duda un gran ejemplo de valentia para quien quiere reivindicar y autoafirmar su autenticidad como ser único y especial en el mundo.

¡¡Gracias Fátima por enseñarnos tu gran metamorfosis!

Carme Balagué. Autora de ¡Liberación!

"En el libro **YO SOY MARIPOSA**, Fátima Saoud, relata en su propia piel como los terribles hechos que le sucedieron en la infancia le llevaron a descubrir la fuerza que tenía dentro y llegar a ser la mujer poderosa, auténtica y grandiosa que es hoy en día. Y poder ayudar así a otras personas a superar sus retos".

Noemí Cuenca, Autora de "Alimenta tú cuerpo, Nutre tu vida y Consigue tu Propósito".

"Tu libro me ha hecho vibrar y emocionarme, eres una mujer muy valiente, decidida y auténtica, admiro tu poder de decisión para afrontar las dificultades y todos los desafíos que encontraste en tu camino. Eres admirable".

LOLI González Roda, Autora del libro "Rompiendo Patrones"

"Fátima te enseña que, a pesar de nacer bajo el amor, este mismo puede destruirte, aunque a ella le sirvió de TRANSFORMACIÓN. La muerte de la oruga se transforma en el vuelo de una **bella mariposa AZUL**. Gracias por hacernos entender que el deseo es nuestro mayor aliado".

Carmen Sales, Autora de "Aliento De Vida".

"**YO SOY MARIPOSA**" es un camino hacia el perdón a través de una de las lecciones de vida más duras que puedas experimentar. Me he llegado a sentir muy identificada con la escritora en numerosas ocasiones y fuertes y contundentes son las lecciones de vida que te enseña. Una enseñanza que me ha recordado lo fuertes y valientes que somos y lo frágiles y vulnerables que también somos y que es esa mezcla de fuerza con vulnerabilidad proyectada desde el lugar correcto lo que nos hace grandes y nos invita a crecer. Gracias Fátima por compartir tu historia, por ser tan valiente y recordarme quién soy y hacia dónde voy.

Cassandra Lyne. Autora de: "Levántate y Anda. Tú decides cuando ya has tenido suficiente"

"Después de leer este libro realmente me di cuenta, de que, "quien realmente quiere puede", de que "hay que luchar por lo que uno ha soñado desde pequeño y no perder el rumbo", de que "no hay que escuchar las voces que tienes alrededor, tienes que escuchar la tuya propia". El testimonio de Fátima en este libro para mí es todo un ejemplo de superación, todo un reto, que me ha dado un empujón y un valor incalculable para empezar y rematar el mío propio. Millones de Gracias Fátima por tu libro **YO SOY MARIPOSA**, es impresionante y sé que ayudará a muchísimas personas. Siempre te estaré agradecida".

Elena Gonzales Leiton.

"Me a encantado Fátima, como con tu transformación de ser mariposa la valentía que nos transmites a los lectores. Cómo todos podemos, perdonando, aceptando, responsabilizandonos de nuestro pasado, salir a volar con LIBERTAD a crear nuestra vida que nuestro ser,nuestra alma anhela. Gracias, gracias, gracias".

Izaro Lasa Aguirre.

"Fátima revela en este libro el sufrimiento que atravesó hasta que pudo encontrar un soplo de aire fresco, que ofrece al lector como arma para que tomemos decisiones valientes en nuestras vidas porque son las que nos hacen responsables de nuestro destino. Sin duda su coraje y el nacimiento de su hijo la transformaron en un bella mujer capaz de transmitir al mundo un mensaje renovador".

Paz Esteve Autora "Del desafío a la bendición "

"Gracias Fátima por tu maravilloso libro en el que nos enseñas como transformarnos, liberándonos de nuestros miedos y asumiendo nuestro **PODER**, como tu muy bien dices, el poder del **YO SOY.**"

Lorea Pastor Autora de "Tu corazón sabe el camino"

PRÓLOGO DE LAIN GARCÍA CALVO.

Dicen que los niños, antes de nacer, eligen la familia a la que quieren ir a parar. Sea como sea, si esto es verdad, Fátima no eligió la más fácil… Tal y como aprenderás en su libro, **YO SOY MARIPOSA**, todo desafío trae consigo la semilla de una gran bendición, siempre y cuando estés en la actitud correcta para superarlo. Y de esto Fátima sabe mucho, no porque hubiera nacido con ello, sino porque no le quedó más remedio que aprenderlo.

Conocí a Fátima en uno de mis eventos INTENSIVO ¡VUÉLVETE IMAPARABLE! y puedo decir que tiene una fuerza interior que he visto en pocas personas, pero no fue hasta que conocí su historia, que comprendí el por qué. **Ella conoce, por su propia experiencia, lo que una persona necesita para salir de una dificultad y convertirla en su mayor bendición; o como ella le llama, PASAR DE ORUGA A MARIPOSA.** De echo, pude comprobarlo cuando la reté a escribir su libro en menos de un mes, y a pesar de la barrera del idioma (su idioma original es el árabe y ella piensa en ese idioma), lo logró incluso antes que otros compañeros que hablaban perfectamente español y todavía no lo han logrado. Por eso sé que, independientemente de cual sea tu fracaso, desafío o injusticia, Fátima te ayudará a cambiar las cosas porque ella conoce el camino. Y hablando de mariposas, no puedo evitar recordar la historia del hombre que encontró un capullo de una mariposa y observó que en él había un pequeño orificio. Se sentó y se entretuvo en observar mientras la mariposa luchaba durante varias horas para forzar su cuerpo tratando de pasar a través de agujero. Pasó un largo rato observando los esfuerzos de la mariposa por salir al exterior, pero parecía que no hacía ningún progreso, como si hubiera llegado a un punto donde no podía continuar.

Apiadado, el hombre decidió ayudar a la mariposa, tomó las tijeras y cortó el resto del capullo. La mariposa salió fácilmente, pero tenía el cuerpo hinchado y las alas pequeñas y arrugadas. El hombre continuó mirando porque esperada que en cualquier momento las alas se extenderían para poder soportar el cuerpo que, a su vez, debería deshincharse. Pero nada de esto ocurrió. Por el contrario, la mariposa pasó el resto de su vida con el cuerpo hinchado y una alas encogidas... ¡nunca pudo volar! Lo que aquel hombre, con su amabilidad y apuro, no llegó a comprender es que el capullo restrictivo y la lucha necesaria para que la mariposa pudiera salir por el diminuto agujero, era la manera que utilizaba la Naturaleza para enviar fluido del cuerpo de la mariposa hacia sus alas de modo que estuviera lista para volar tan pronto obtuviera la libertad del capullo.

A veces el esfuerzo es exactamente lo que necesitamos en nuestras vidas. Si DIOS nos permitiera pasar nuestra vida sin ningún obstáculo, nos paralizaríamos, no seríamos tan fuertes como podríamos ser ¡y no podríamos volar!

Querido lector, si este libro ha llegado a tus manos, significa que tú ya estás preparada para volar. Estoy deseando que comiences este maravilloso viaje de la mano de Fátima, para poder pasar de oruga a mariposa de una vez por todas, ¡y para siempre!

LAIN Autor de Best Seller LA VOZ DE TU ALMA

www.lavozdetualma.com

INTRODUCCIÓN.

¿Te ha pasado alguna vez que has hecho lo que tu entorno te exige, sin estar de acuerdo?

¿Qué pasaria si desde pequeño/a te das cuenta que no quieres pertenecer a una determinada ideología?

¿Qué pasaría si no te queda otra que resignarte y ser quien ellos esperan que seas, con tal de sentirte aceptado/a, aunque por dentro te mueras de pena a cada segundo?

¿QUÉ PASARÍA SI TUS MIEDOS SON MÁS GRANDES QUE TUS SUEÑOS?

¿Qué ocurre cuando incluso haciendo lo que ellos quieren, cada vez quieren más y más y más?

Te paras y miras atrás, dándote cuenta de que todos esos años perdidos ya no volverán jamás.

¿Cómo te sentirías si te digo que puedes lograr SER TÚ, y conseguir que ellos respeten tu decisión?

Antes de contarte cómo hacerlo, me gustaría contarte una historia muy emotiva mediante la cual, en tu interior se mezclarán miles de sensaciones.

Te aseguro que esta historia **CAMBIARÁ LA FORMA EN COMO VES TU REALIDAD**.

(Este libro no trata de ofender a ninguna cultura ni religión, habla de mi experiencia real y personal donde se transmite hasta qué punto, tan extremo llegué, con tal de ser aceptada).

Si alguien se siente ofendido/a pido disculpas con antelación.

LA HISTORIA.

En una calurosa mañana un 4 de Julio de 1985, nació una preciosa niña llamada Fátima en el norte de Marruecos ,en Larache.

Su queridísimo abuelo llamado Idrís le puso el nombre de Fátima porque le tenía especial cariño a ese nombre, con cual se sentía muy vinculado.

Nacida en una cultura musulmana, no fue fácil para ella y menos teniendo una madre que la castigaba, le pegaba y la ridiculizaba sin motivos.

> *La cultura árabe emana misterio y belleza, aunque no es oro todo lo que reluce, si hablamos de la mujer, o de las niñas.*
>
> *Es muy bonita y exótica en unas cosas, sin embargo, es muy dura con las mujeres.*
>
> *En el 95% de los casos, las niñas no pueden ni jugar con los niños, no pueden jugar al futbol, de hecho, a las niñas que juegan al fútbol las llaman "putas". No pueden tener gusto propio y elegir lo que quieran, y a esa niña le tocó ser MUJER.*
>
> ***Por eso es normal que muchas niñas en marruecos hayan deseado ser niños.***

Esa pobre niña Fátima, tuvo una infancia distinta a otras niñas de alrededor, donde creció con falta de amor, y con muy baja autoestima, además de con mucho miedo.

Convivió quince años al lado de su madre en Marruecos. Esta, no paraba de golpearla por lo más mínimo. A veces pensaba que su madre no era su madre, que esa señora que no paraba de pegarle brutalmente llevaba una máscara con la cara de su querida mamá, pero la pobre niña se equivocaba. Fátima era la mayor de 5 hermanos, su madre siempre estaba de mal humor, y le reprochaba que por su culpa seguía viviendo con su padre.

La pequeña se sentía culpable por la desgracia de su madre, ya que esta se casó obligada y sin estar enamorada. Su familia la obligó a casarse con un hombre que no conocía.

La madre de la pequeña Fátima recibía el maltrato físico y psicológico de su padre y a consecuencia de esto, ella descargaba su furia sobre su hija mayor.

Le daba palizas brutales, simplemente, por ser la hija mayor. La culpabilizaba de su desgracia, aunque también golpeaba a sus otros hermanos de vez en cuando. Fátima siempre le preguntaba:

—¡Mama, mamá! ¿Por qué me pegas más a mí que a mis hermanos? —preguntó la niña llorando a mares.

—¡Porque tú eres la más torpe de todos! ¡Eres la que no para de hacer justo lo contrario de lo que yo te pido! —contestó su madre con mucha seguridad en sus palabras.

La niña seguía llorando indignada y en una ocasión le contestó:

—¡Nunca sé cómo contentarte! Cada vez que hago algo le sacas defectos. ¡Mamá, lo hago como me pides, pero siempre sacas algo y me terminas pegando! ¡No es justo!

La madre guardó silencio mientras miró a su pequeña hundida, y llorando.

—Eres la mayor, es normal —le explicó mientras se acercó a ella- Cuando yo era pequeña mi madre me pegaba mucho más que yo a ti. Ella me odiaba. Lo que yo te hago a ti no tiene comparación con mi infancia.

La niña miró con mucha pena a su mamá y con lágrimas en los ojos le dijo:

—Tienes razón mamá, tengo suerte de que no seas como la abuela —contestó la pequeña secándose las lágrimas de los ojos.

Cada vez que su padre maltrataba a su madre, ésta desfogaba su rabia hacia la cría maltratándola, pegándole o insultándola, después de discutir con su marido. Culpabilizaba a la niña de su infelicidad. Le decía que permanecía con su padre por ella y sus hermanos. No quería que sus hijos crecieran sin la presencia paternal. E incluso le recriminaba que, si no fuera porque ella nació, el abuelo la hubiera enviado a vivir a Europa y viviría feliz, y no amargada como estaba.

En muchas ocasiones estallaba y la culpaba diciéndole:

—¡Permanezco con tu padre por vosotros, no quiero que estéis sin su presencia! —decía hundida — Si no fuera porque naciste tú, tu abuelo me habría llevado a Europa a vivir, y mira dónde estoy…

A lo que la pequeña respondía:

—¡Ojalá te hubieras ido a Europa! así no hubiera nacido yo. Yo tampoco soy feliz y esto no acaba nunca.

¿HAY ALGO MÁS TRISTE EN ESTA VIDA QUE SENTIRTE CULPABLE POR HABER NACIDO?

A medida que Fátima iba creciendo, hicieron de las palizas una costumbre. Empezó a recibir palizas cada vez más brutales. Cada vez la insultaba más, incluso le escupía en la cara.

Un día le tiró encima agua sucia que había en el cubo de la fregona.

Le decía que no era buena hija, que no era buena musulmana.

Ella sólo tenía unos 7 años y… ¡Se lo creía todo!

Fátima estaba triste todos los días porque no era normal lo que le hacía su madre. No entendía por qué su madre la odiaba tanto porque no pasaba lo mismo con sus hermanos. Cuando ella hablaba su madre le decía: ¡Calla la boca!

Sus padres la llamaban la loca y por ese motivo ella **siempre se sentía culpable por todo, hasta por vivir.**

Por más que la pequeña Fátima intentase ser perfecta, su madre le sacaba más defectos donde realmente no existían.

El único lugar dónde Fátima se sentía segura era en la escuela. Allí no estaba su madre para pegarla, era su escondite, su refugio.

Cuando regresaba a su casa tenía que ponerse a limpiar los platos de rodillas, con dos cubos llenos de agua. Un cubo con agua y jabón y otro con agua para aclararlos.

Acababa con un horrible dolor de espalda que le impedía concentrarse en los estudios. No podía estar al cien por cien en lo que leía porque se encontraba muy agotada. Sin embargo, cuando llegaban las notas y había conseguido un aprobado raspado o un bien, su madre la regañaba y le volvía a pegar.

—¡Mira tu hermana! Ha sacado mejores notas que tú. —Le gritaba— Hasta la vecina tiene mejores notas que tú. **Tú eres una vaga.**

Fátima le **suplicaba a Dios que la dejara siendo pequeña, que no quería crecer.**

La niña creció sintiendo que su vida no valía para nada. Y a la vez, sentía que no quería crecer, porque sabía que el paso de los años sería sinónimo de mayores injusticias para su infancia y adolescencia.

Cuando llegaba el día de su cumpleaños, Fátima no podía celebrarlo porque en la tradición de su casa no estaba permitido y se consideraba un PECADO.

Sus amigas, sin embargo, sí lo festejaban. Así que la pequeña Fátima se las ingeniaba para comprar un pastel pequeño y celebrarlo con sus amigas a escondidas. Al final siempre acababa llorando.

Fátima lloraba porque no quería crecer, le atemorizaba crecer. Ella sabía lo que le esperaba cuando cumpliera los quince años, o como mucho los dieciocho, y el tiempo no se paraba.

¿Sabes qué era lo que tanto le atemorizaba?

Estaba OBLIGADA a CASARSE con alguien que no AMABA. Con el primero que le pidiera matrimonio.

Sus padres, creían que era lo que le convenía.

— ¡Si no se casa joven es porque no vale nada! —decía su madre.

Además, es muy morena de piel y con el pelo muy rizado y a las niñas como ella las llamaban **las esclavas** y la mayoría de las niñas en su ciudad son blanquitas de piel y con el pelo liso y eso es lo que estaba de moda.

En aquella época los niños se metían con ella, le decían:

—¡En otra vida tú eras esclava, porque eres negra! Así que ¡Obedécenos!

Esas palabras le destrozaban el corazón.

Fue pasando el tiempo y cada vez que cumplía años, ella reflexionaba y se preguntaba en qué había mejorado a lo largo del año. Lloraba porque veía que no había mejorado en nada y que su vida empeoraba cada vez más.

Desde muy pequeña le gustaba ayudar a las personas que veía de camino a la escuela y les daba lo que podía, porque le encantaba ver felices a esas personas. Esto la llevó a robar cada vez que podía (veinte dirhams equivalentes a dos euros) a su madre para comprarle cosas a las personas que lo necesitaban. Hasta que la pilló su madre y le dio la paliza de siempre, pero eso no termina ahí…

En una ocasión la madre acompañó a Fátima a la escuela y se lo dijo a su profesor, incluso le autorizó para pegarle otra vez. Este le pegó brutalmente, la ridiculizó delante de los compañeros, y le dijo a los niños que se burlasen de ella por robar 20 dirhams.

¡No podía ni pisar el suelo de lo hinchados que tenía sus pequeños pies!

¡Después hizo el examen de matemáticas que, lógicamente, suspendió!

Cuando cumplió 12 años su padre emigró a España y su madre se quedó con ellos, pero se agobiaba más todavía porque tenía que encargarse de todo sola. Esto no fue fácil, ni para ella ni para sus hijos, ya que pasaban hambre. Porque su padre no trabajó en España durante los primeros meses ni su madre tampoco, así que su familia les ayudaba para poder comer cuando no tenían dinero.

Cuando le faltaba poco para cumplir 15 años, su padre consiguió los papeles y vino a llevársela a ella y a su hermano con él a Almería (España). Estaba tan feliz que no sintió pena de dejar de ver a su madre. Total, si no le pegaba todos los días, la miraba con mala cara o la insultaba, así que España iba a ser su salvación.

Estuvo un año sin verla y sin hablar con ella por teléfono porque de verdad que no la echaba de menos.

Al igual que cualquier inmigrante busca su salvación en una patera hacia algún país, Fátima creyó encontrar en el hogar de su padre su libertad. Durante el año y medio que estuvo viviendo con él en Almería, ella prácticamente no salía de casa. Su padre le prohibía ir a la escuela por un incidente que hubo en la calle. Tampoco la dejaba salir. Ella estaba desarrollándose, haciéndose mujer sin poder mirarse en un espejo durante 7 meses.

— ¡No quiero que te conviertas en una "puta"! ¡Si sales a la calle acabarás convertida en eso!

La primera vez que se miró en un espejo después de tanto tiempo, apenas se reconocía…

Pasó el año y volvió a Marruecos de vacaciones. ¡Le faltaba muy poco para cumplir los 16 años!

¡Su sorpresa fue que ya tenían al hombre perfecto para que se casara con él!

SE ARREPINTIÓ DE VOLVER.

Dijo que no quería, que por favor le dejaran terminar los estudios y su madre le respondió:

— ¡Una mujer debe casarse joven!

— ¡No!, gritó ella.

Se enfadaron sus padres y no entendían por qué la niña no quería quedarse en Marruecos. Así que la llevaron al ginecólogo para ver si seguía siendo virgen o no, porque no se explicaban porque no quería casarse. (Para ellos no casarse supone o que no eres virgen o que estás embarazada).

Llegó el día de visitar al ginecólogo. Se sentía tan frustrada… piel sudorosa y fría al mismo tiempo. Sin aliento esperando el resultado de ginecología…

¡TU HIJA ESTÁ PERFECTA, ESTÁ INTACTA!

Fueron las palabras de la doctora que la revisó.

Su madre la abrazó con fuerza y le dijo:

— ¡Ahora te quiero mucho más que antes! Vamos al zoco de la Medina para comprarte lo que tú quieras.

—Solo quiero ir a dormir —le dijo ofendida la cría.

Volvieron a casa y su madre siguió con el rollo de casarla. Cuando le dijo firmemente que no, le empezó a decir de todo:

— Eres una puta como tu tía!

En Marruecos la palabra "puta" es lo peor y suele estar en los insultos más despreciativos. Allí **ES UN DELITO ESTAR EMBARAZADA FUERA DEL MATRIMONIO.**

Una de sus tías, tuvo un novio en secreto y se quedó embarazada. Cuando su hermano se enteró le pegó bruscamente dándole patadas en la barriga hasta que abortó. Su tía terminó en la cárcel por quedarse embarazada sin estar casada. Y su hermano se fugó.

Su madre siempre le decía que iba a ser como su tía y cada vez que no hacía lo que ella creía que era correcto, la insultaba **con el mismo calificativo** con el que nombraba a su tía.

Ella volvió a España y le dijo a su padre que no la obligara a casarse, que no lo iba a hacer. Total, **ella ya estaba en España y no la iban a obligar a volver más a Marruecos**.

Pasaron los días y su padre decidió que no siguiera estudiando porque quería que empezara a trabajar con él en los invernaderos. Decía que necesitaba ayuda económica y que él solo no podía con tantos gastos.

Con mucho dolor tuvo que dejar sus estudios con la esperanza de que cuando crecieran sus hermanos ella podría terminar el nivel escolar en el que se había quedado.

Ella trabajaba y el dinero se lo quedaba su padre y se emborrachaba con él. Solía ir con otras mujeres, ya que no tenía a su mujer a su lado.

Años después vino su madre a España y ya cambiaron las cosas, aunque fue de mal a peor.

Sus padres no se llevaban bien. La madre se quedaba con todo el dinero que conseguía Fátima en el trabajo, y si no se lo daba se enfadaba, la insultaba y dejaba de hablarle.

El padre no paraba de venir a casa borracho. Era musulmán de nombre, pero en la práctica sólo hacía lo que le interesaba practicar. Les quitaba el dinero y se lo gastaba con otras mujeres. Un buen musulmán no hace eso.

Un día sorprendió a Fátima hablando por teléfono con un chico y se molestó. Se molestó **tanto, que le dio una brutal paliza. Le dejó la cara morada e hinchada de tantos golpes. Casi le rompe los dientes, porque empezó a pegarle en la boca y tirarle del pelo.**

Del miedo que le entró por el cuerpo llegó a orinarse encima, su padre la quería matar a golpes. Y en su cultura no es pecado, al revés, se aplaude una cosa así.

(Un padre está para velar por el orgullo de su familia, y si llega a matarte, no le meten en la cárcel, lo peor es que culpabilizan a la chica por ser una provocadora).

DECIDIÓ IR A DENUNCIARLE. Y ASÍ LO HIZO.

Pensó que ya que su madre también sufría malos tratos apoyaría su decisión, pero no fue así.

Al revés, su madre le suplicó que quitara la denuncia ya que no quería que la gente hablara mal de la familia diciendo: **"Mira su hija lo que le hizo, ¡Le llevó a la cárcel!"**

— ¡Si no quitas la denuncia, olvídate de que somos tu familia!

No serás bienvenida — dijo su madre — No nos volveremos a ver jamás.

¿Tú qué harías?

¿Cómo te sentirías?

¿Seguirías adelante?

¡La pequeña Fátima quitó la denuncia!

Cuando su padre volvió a casa, vino para terminar de pegarle ya que su hombría se vio ofendida. Así que Fátima se **ESCAPÓ** y se fue a otra casa y allí **EMPEZÓ DECIDIDA A PONER SU VIDA EN ORDEN.**

¿Y qué pasó con esa chica?

¿Cuál fue de su destino?

¿Sigue con vida?

¿O terminó suicidándose?

¿Si te pones en la piel de esa adolescente, como actuarías?

Esa niña solo quería el amor de su familia. Su amor hacia ellos era más grande que hacía ella misma.

Solo quería encajar en su casa, y fuera también quería encajar con los europeos, pero no encajaba con nadie.

Cada vez se sentía peor, porque sentía rechazo por todo el mundo; TODO EL MUNDO.

¿Qué harías tú si fueras esa adolescente?

Aquella adolescente no se veía con el derecho de vivir como quería.

¡La pobre soñaba con dormir y no despertarse jamás!

Resulta chocante SER NIÑO Y QUERER MORIR PRONTO.

Ella lo único que quería era que la tratasen con respeto y amor, pero vivió rodeaba de odio y rechazo.

Pasaron unos meses. Fátima vio una oportunidad en todo eso y empezó a estudiar otra vez lo que le gustaba. Viajaba, se divirtió un tiempo, pero echó de menos a su familia. Se sentía sola.

Cuando volvió a verlos, su madre le aconsejó que fuera a **PEDIRLE PERDÓN A SU PADRE**.

—Después de todo es tu padre. Él quiere lo mejor para ti, por eso te pegó —dijo la madre convencida.

Fátima, en shock total le respondió:

—¿Cómo voy a pedirle perdón si casi me mata? ¿Y quién me lo pide a mí, tú, mamá? —contestó Fátima.

—Si quieres que las cosas vuelvan a ser como antes lo tienes que hacer —respondió— porque tu padre no habla tampoco conmigo, culpándome de que te malcrié.

—¡No, no, mamá perdóname!... pero yo no voy a hacer lo que me pides. Es injusto todo esto —replicó llorando sintiéndose incomprendida.

Se quedó pensativa y añadió:

— **¡Vale, mamá! Lo voy a hacer con tal de estar cerca de vosotros, pero <u>que sepas que eres injusta hasta contigo misma</u> —dijo indignada.**

Tragó saliva y se dirigió hacia él.

—Papa, siento lo que ha pasado —dijo la niña asustada —

Y su respuesta fue: — **¡TE PERDONO!**

No se lo podía creer. Fátima seguía en shock tras la respuesta de su padre. Se esperaba que él le iba a pedir disculpas por lo que le hizo, pero ¡NO!

Muchos meses antes de la paliza, Fátima había comprado un piso para que allí viviera su familia. Ella pensaba que si su padre no era capaz de hacerlo lo tenía que hacer ella.

Pero después de la denuncia, aunque aparentemente la habían perdonado, le dijeron que no querían estar allí con una pecadora. El hecho de que Fátima fuera distinta a ellos la convertía en una mujer pecadora.

Así que decidió irse a vivir sola.

Terminó de estudiar Quiromasaje deportivo y Reiki. Se formó como monitora de clases colectivas para gimnasios, como profesora de Pilates y como Entrenadora personal.

Cuando terminó de formarse logró un trabajo en Sevilla y no le importó que le pagaran poco. Sólo quería estar lejos de toda su familia y sus conocidos, <u>porque no podía ser ella misma cerca de ellos.</u>

En Sevilla trabajaba de quiromasajista en un centro de masajes por la mañana y por la tarde de entrenadora en un gimnasio.

El estar sola sin su familia, quien le reprochaba que debía cumplir la religión musulmana a la manera de ellos, <u>le ayudó a descubrir quién era ella de verdad</u>.

Como su padre le quitaba dinero a su madre, Fátima se ofreció a ayudarla económicamente para que cubriera los gastos de sus hermanos y los de ella, ya que llevaba tiempo sin pasale dinero, y le sorprendió su respuesta:

—"No quiero tu dinero porque es dinero sucio. ¡tú trabajas tocando hombres y enseñando tu figura cuando entrenas a tus clientes en los gimnasios!"

Empezó a sentirse mal por su trabajo, empezó a cogerle asco a dar los masajes.

3 años después regresó a Almería porque volvió a echar en falta a sus hermanos y padres.

Cuando llegó le dijeron que su padre se había ido y que NUNCA MÁS IBA A VOLVER.

¡SU PADRE LES HABÍA ABANDONADO!

La familia no sabía dónde estaba. Cada vez que localizaban su número y le llamaban les decía que llamaran en otro momento y cambiaba su número otra vez.

Así que dejaron de buscarle. Cuando un padre no quiere estar con su familia, ¿qué se puede hacer? Fátima, lo respetó y lo aceptó.

Tras tres años trabajando en Sevilla, cuando ella estuvo de nuevo en casa de sus padres no se sentía bien. Seguía sintiendo que no encajaba en aquel hogar. Ahora, ni encajaba, ni deseaba encajar con ellos.

Después de discutir con su madre por lo mismo de siempre, decidió ir a casa de una conocida hasta encontrar otro sitio mejor.

Conoció a un chico español que le encantaba. Cuando se enteró su madre, creyó que era un hombre mayor y que además Fátima estaba con él porque tenía dinero.

Fue entonces cuando Fátima empezó a cuestionarse qué pensaría la gente de ella si su propia madre pensaba que era una interesada, que estaba con aquel chico por el dinero que tenía.

Jose Antonio era un chico de su edad. Trabajaba como vigilante de seguridad y tenía un sueldo muy normal. A ella le encantaba ese chico.

Le presentó orgullosa a su familia.

—Este es el chico con quien quiero estar el resto de mi vida — les dijo muerta de miedo.

No sabía cómo sería la reacción de su madre y los demás ante su decisión ya que Jose Antonio no practicaba ninguna religión.

—Si se convierte al islam lo aceptamos —le dijo su madre.

—De acuerdo- respondió —pero yo no voy a obligar a mi pareja a ser musulmán ya que ni yo soy practicante. Pero les respondió que sí, con tal de aceptar su decisión y dejarla tranquila.

Un día después de otra pelea más, decidió coger su ropa e irse a vivir con su pareja. Al llegar a casa, su madre enfadada empezó a decir:

—Mis amigas te vieron con tu novio vestida con ropa corta —dijo molesta — ¡Eres la vergüenza de la familia!

Cansada de todo eso, Fátima se enfrentó a ella por fin y le dijo todo lo que sentía, y lo mal que lo había pasado con ella.

Que nunca estuvo feliz con nada; que le había dado todo su dinero, se había endeudado, se había sacrificado con sus estudios. Y se había quedado en la ruina. Todo por satisfacer a su familia, aunque nunca fue suficiente.

Ya no podía hablar más porque su garganta estaba al límite, con impotencia. Sentía que su madre había sido muy injusta con ella, ya que sólo pensaba en el qué dirán los demás y en cómo complacerles.

¡Días después, Fátima SE QUEDÓ INVÁLIDA!

Cuando decidió ser ella misma y respetarse, enfrentarse a su madre y soltándole todo lo que tenía dentro, aparte de perder a su familia y el poco respeto que le tenían, a nivel físico se quedó sin defensas e inválida sin poder moverse.

Durante 3 meses no podía ni cerrar las manos. Caminaba con dificultad. Levantarse de la cama le costaba la vida porque le dolían todas las articulaciones y los médicos no entendían el porqué. También le detectaron Hepatitis B y el hígado inflamado e irritado y las defensas demasiado bajas.

Se vio sin familia, sin amigas, sin salud y sin dinero, y con la autoestima por los suelos. Gracias a Dios Jose Antonio seguía ahí.

Cuando su madre se enteró le dijo que se lo merecía, que era un castigo de Dios por no integrarse en su cultura, en su religión, en su propia familia. Por ser REBELDE.

Cuando alguna de sus hermanas se ponía en contacto con ella, su madre les dejaba de hablar.

Fátima quería ser madre, pero los médicos le aconsejaron que se olvidara del tema porque estaba con un tratamiento agresivo para muchos años.

Se sintió sola y enferma en todos los sentidos.

Una noche decidió olvidarse de su minusvalía y de la Hepatitis B, e intentar caminar poco a poco, aunque le doliera. Así que como por la noche sentía el cuerpo en calor, intentaba levantarse de la cama, ya que por la mañana le costaba mucho más. Y más adelante te contaré todo lo que Fátima tuvo que pasar hasta que llegó el gran día en que decidió ir a vivir a Londres sola para comenzar una nueva vida y centrarse solo **EN LUCHAR POR SUS SUEÑOS**. Quería competir en la BIKINI FITNESS, montar su empresa de masajes y trabajar de modelo.

En Londres empezó a entrenar de lunes a domingo, durante ese tiempo dejó de tomar los medicamentos por decisión propia.

Trabajó realizando masajes y desfiló para Agencias de modelos. **Logró trabajar en lo que más le gustaba sin sentirse sucia.**

Llevaba sus libros a todos lados porque tenía hambre de desarrollo personal. En aquella cuidad por fin tuvo la oportunidad de escuchase, conocerse y aplicar todo lo que iba aprendiendo. Ya que en aquel momento el entorno era idóneo.

Al cabo de unos meses a pesar del dolor articular entrenaba como si no lo tuviese. **Una mañana se despertó sin dolor, tenía una fuerza impresionante.**

¡¡SE SENTÍA PLENA, LIBERADA y TRANSFORMADA!

¡¡SE SENTÍA MUJER, SE SENTÍA DIOSA!!

Seguía una relación a distancia con Jose Antonio y para su sorpresa,

al volver a realizar los análisis, su resultado indicaba que **ya no tenía Hepatitis** y que no era normal porque sólo el 0,03 son los que se curan solos, sin medicamentos, y entre ellos estaba ella!!

Y es no acaba allí, ¡ESTABA EMBARAZADA!

Quedarse embarazada y no tener ni rastro de la Hepatitis, el hígado perfecto, articulaciones perfectas fue increíble. En definitiva, su hijo **FUE UN MILAGRO Y UNA GRAN BENDICION**.

Ella se sentía bien. Su pareja seguía viviendo en Almería y no podía dejar su trabajo para ir a Londres con ella. Así fue como Fátima se vio de nuevo en Almería para compartir su felicidad con su pareja.

"Estoy en mi mejor época y me siento feliz. Volver a Almería no me va a restar, y el trabajo lo puedo conseguir en cualquier país" – se dijo Fátima convencida – yo hago el dinero, y no él a mí."

Cuando regresó, su familia se enteró de la noticia. Llevaba un año sin ver a su madre y esta continuaba enfadada. Fátima decidió respetarla, pero sobre todo decidió respetarse a ella misma.

POR FIN FÁTIMA HABÍA CAMBIADO

Se decía a ella misma que no estaba para emociones negativas en su vida. Que debía cuidarse, amarse y sobre todo velar por su bebé.

VENCIÓ SUS MIEDOS

LOGRÓ TRANSFORMARSE Y CONVERTIRSE EN MARIPOSA

Por fin SE SINTIÓ VIVA Y LLENA DE VIDA.

¿Quién es FATIMA SAOUD?

Fátima SOY YO.

Así es. Fui esa niña, adolescente que quiso morir desde muy pequeña. Y ahora soy una mujer llena de vida, de fuerza, y alegría.

Actualmente Soy la fundadora del método **"YO SOY MARIPOSA"**, donde te ayudaré a construir a esa **MARIPOSA** que hace tiempo que llevas dentro.

Llevaba muchos años sufriendo en silencio hasta que tuve la valentía de enfrentarme a todos, amarme y respetarme hasta el infinito.

Tengo la certeza que, igual que yo pude, **TÚ TAMBIÉN PUEDES**, y no importan tus circunstancias. Porque el miedo se

irá para darle paso a tu **VALENTÍA** y así gozar la **LIBERTAD** que llevas tantos años añorando.

LOGRÉ PASAR DE ORUGA A MARIPOSA.

Tenía muchas ganas de sentirme viva, pero me sentía limitada.

Mi infancia fue muy dura, pero **TENÍA GRANDES SUEÑOS**.

MI PRIMER Y GRAN SUEÑO ERA LOGRAR SER YO MISMA porque mi entorno me impedía serlo.

Y no estaba dormida, NO.

Estaba más despierta que nadie, pero el miedo a perder mi familia me paralizaba. Me **aterrorizaba pensar quedarme sola sin los que más quiero en esta vida**, y aguanté lo máximo que pude hasta tomar la decisión de expresar mi valentía, y así vivir la vida según mis propias pautas.

Y Tú amada Lectora…

Si amada Lectora, porque desde que empecé a leer mis primeros libros siempre han sido en masculino, y me tenía que esforzar y ponerlo en mi mente en femenino en "A" (con excepción de todos aquellos en "A" que eran exclusivamente para mujeres) …

Pues ahora el ejercicio lo he puesto al revés ☺ Ahora los hombres tienen que **JUGAR** y transformar imaginariamente todo en "O". Y no soy feminista, pero ya que soy mujer, que menos que dirigirme a ella y hacerla sentir especial, ¿no?

…seguimos.

¿Cómo te sentirías si tuvieras los mismos límites que yo?

Yo podría haberme justificado y decir: Es lo que me ha tocado, y me resigno. Total, en mi cultura no tengo ni voz ni voto. De todas formas, es lo que me toca por ser mujer y así es mi cultura y sus creencias, ¿verdad?

¡Pero no! ¡Yo quería ser yo misma! Y que me **Respetaran Por Quién Yo Soy**. ¡Sentirme libre, poder volar! ¡Y si me tengo que equivocar pues que me equivoque! es mi aprendizaje en la vida, no el de ellos.

Quería aprender de mis errores, ¡¡¡no de los errores que ellos me exigían hacer!!!

A los 16 años me iban a casar, me pegaban, me insultaban, no me dejaban ni escuchar música (en casa de mi familia estaba y sigue prohibido escuchar música), me ridiculizaban y encima era **¡pobre! vine con el pack completo, ¿Qué más se puede pedir?** ☺

Cuando me enfrenté a mi madre **ME QUEDÉ INVÁLIDA 3 MESES**, de lo triste que me sentía. **PERO ME LEVANTÉ**, luché por ser yo misma, amarme, respetarme hasta el infinito y **RECONSTRUIRME**.

Logré paz en mi ALMA; me hice atleta de bikini Fitness y estar en la tarima de competición sin sentirme mal por mi religión musulmana y mi familia. Dar masajes a hombres y darles clases de entrenamiento personal y sentirme profesional, y no una cualquiera como me hacía sentir mi entorno. Me conocí a mí misma y tuve la fuerza de hacerlo por fin, porque hasta ahora había tenido miedo de decepcionar a mis padres.

Conseguí vencer mis creencias negativas y **Romper Todos Los Moldes** de mi familia y mi cultura musulmana.

Elegí entre la felicidad de mi familia o escuchar la voz de mi niña interior. Esa niña que he intentado callar todos estos años. Superarme a mí misma y a mis miedos, y hacer lo que yo quiero y no lo que ellos y mi cultura me impongan.

Gracias a todo este proceso de **TRANSFORMACIÓN** me di cuenta de que, por muy mal que estemos siempre podemos transformarnos en **MARIPOSAS**.

Yo logré salir de ahí y ahora me dedico a ayudar a miles de personas a mejorar sus vidas.

Si estás en esta página te felicito, porque no importa quién eres, ni tu edad, ni tu cultura. Sólo importa que te des cuenta dónde flaqueas y poder así tomar las riendas de tu vida.

"YO SOY MARIPOSA" te enseña cómo lograrlo, sin anclarte en el qué dirán o en quién se alejará de ti.

Si yo pude superar todo eso… ¡tú también puedes! ¡vuelve a renacer y conviértete en mariposa!

YO SOY MARIPOSA, TU ERES MARIPOSA, SOMOS MARIPOSAS.

Querida amiga: "Tus pensamientos exageran de más para no salir de tu zona de confort".

Los pensamientos son lo más dramático que hay sobre la tierra. El 90% es fantasía (se lo inventa tu cabeza) y el 10%, es posible que sea verdad, pero no son verdad absoluta. La cabeza te lo exagera tanto que terminas creyéndolo.

Y te demostraré con hechos, que lo que te voy contando es cierto, porque yo siempre fui como tú, con inseguridades, miedo, mucho miedo, **hasta que me di cuenta de que soy mucho más fuerte de lo que me pensaba**. Y eso lo que te pasará a ti.

¿Te atreves a convertirte por fin en Mariposa?

Vamos a por ello… ☺

No sé si alguna vez has sentido que tu entorno te condiciona, que no te permite ser quien eres de verdad.

No sé si sientes esa presión del entorno que te hace sentirte vacía y en el fondo de tu corazón sientes que eres otra persona y que no te están dejando serlo. Dándole más importancia al bienestar de otras personas y tratas de encajar con cosas que no te identifican con tal de satisfacerles a ellos, dejándote a ti en segundo lugar.

Sé por lo que estás pasando, por eso escribí **YO SOY MARIPOSA** para ti. Para transformarte y empoderarte. Y para que aprendas a poner tu sello allá donde vayas siendo auténtica, sintiéndote libre y sin culpas. Ayudándote a saber quién eres de verdad, a creer en ti, y a aprender a brillar con tu luz propia porque, mágicamente, CUANDO TE DES **CUENTA DE QUE TÚ BRILLAS POR QUIEN ERES, EL MUNDO QUE TE RODEA TAMBIÉN BRILLARÁ CONTIGO; POR-QUE TU LUZ INTERIOR SE REFLEJA EN EL EXTERIOR.**

Abro los ojos por un segundo y observo: La música no es música, solo ruido. Mi voz no existe y mi cuerpo no es mío. Solo tengo un árbol que me da sombra, pero ni pan ni fuego. Camino oscuro, como todos. Pero mi color destella, mi color ilumina. Veo por dónde piso, piso lo que quiero ver a mis pies. Caigo donde no quiero caer y mis ganas solo matan mi mente.

Carrera descalza en suelo de astillas. Envuelta en sombras hay un solo sentimiento. Querer y no poder. Luchar y no ganar. Tan solo la fuerza de mi alma y el peso de mis pies bajo un cielo gris.

El color de mis ojos llena mi camino y aprendo a andar pisando charcos, venciendo montañas, soltar mariposas. Mariposas que antes eran orugas, mariposas que volarán conmigo. **YO SOY** el triunfo de lo imposible, **YO SOY MARIPOSA**.

María Dolores Corral Ruiz

@pensandoagritos

PRIMER PASO

EL COMIENZO DE
TU DESPERTAR.

Cuenta una leyenda oriental, que hace muchos años, un hombre viudo se quedó a cargo de sus dos hijas.

Las dos niñas eran muy curiosas, inteligentes y siempre tenían ansias de aprender. Constantemente invadían a preguntas a su padre, para satisfacer su hambre de querer saber. A veces, su padre podía responderles sabiamente, sin embargo, las preguntas de sus hijas le impedían darles una respuesta correcta o que convenciera a las pequeñas. Viendo la inquietud de las dos niñas, decidió enviarlas de vacaciones a convivir y aprender con un sabio, el cual vivía en lo alto de una colina. El sabio era capaz de responder a todas las preguntas que las pequeñas le planteaban, sin ni siquiera dudar.

Sin embargo, las dos hermanas decidieron hacerle una pícara trampa al sabio, para medir su sabiduría. Una noche, ambas comenzaron a idear un plan: proponerle al sabio una pregunta que este no fuera capaz de responder.

—¿Cómo podremos engañar al sabio? ¿Qué pregunta podríamos hacerle que no sea capaz de responder? —preguntó la hermana pequeña a la más mayor.

—Espera aquí, enseguida te lo mostraré —indicó la mayor.

La hermana mayor salió al monte y regresó al cabo de una hora. Tenía su delantal cerrado a modo de saco, escondiendo algo.

—¿Qué tienes ahí? —preguntó la hermana pequeña.

La hermana mayor metió su mano en el delantal y le mostró a la niña una hermosa mariposa azul.

—¡Qué belleza! ¿Qué vas a hacer con ella?

—*Esta será nuestra arma para hacer la pregunta trampa al maestro. Iremos en su busca y esconderé esta mariposa en mi mano. Entonces le preguntaré al sabio si la mariposa que está en mi mano está viva o muerta. Si él responde que está viva, apretaré mi mano y la mataré. Si responde que está muerta, la dejaré libre. Por lo tanto, conteste lo que conteste, su respuesta será siempre errónea.*

Aceptando la propuesta de la hermana mayor, ambas niñas fueron a buscar al sabio.

Le preguntó la hermana: —*¿Podría indicarnos si la mariposa que llevo en mi mano está viva o está muerta?*

A lo que el sabio, con una sonrisa pícara, le contestó: —**Depende de ti, ella está en tus manos.**

Nuestro presente y futuro está únicamente en nuestras manos. La mariposa azul es nuestra vida. En nuestras manos está qué queremos hacer con ella, y depende de nosotros dejarla volar y que sienta la vida en todos sus sentidos o matarla, marchitarla, o dejar que se seque en un bonito cristal.

Tomar conciencia de que todo depende de ti. Hace que te plantees millones de preguntas, las que te harán reflexionar sobre: donde estás "ahora", y hasta qué punto estas dispuesta a seguir esa "farsa".

Incluso siendo maltratada, justificas porqué sigues en esa situación. Y te prometo que yo fui peor que tú en ese aspecto.

¿Te atreves a transformarte en lo que realmente deseas, o haces lo que los demás creen que es lo correcto para ti?

¿De verdad tienes el control de tu vida?

Te acompaño en esta maravillosa **TRANSFORMACIÓN**.

¿Vamos?

En las siguientes páginas vas a ir reflexionando lo siguiente…

¿Cuánto tiempo/años llevas soportando una vida que te han dibujado OTROS?

¿Y cuantos años más te quedan por soportar?

¿De verdad lo sabes?

¿De verdad estás dispuesta a seguir así más tiempo?

¿Cuánto tiempo llevas dormida?

Te lo pregunta una mujer que tiene un **Máster** en **Esperar** y otro **Máster** en cumplir con lo que su familia, cultura, entorno le exigían ser, durante 27 años.

No sé cómo te sientes tú ahora mismo, pero para mí llevar 27 años haciendo lo que mi entorno me exigía ser, no me hacía feliz, ME RESTABA. ME HUNDÍA, ME MATABA EN VIDA.

¿Y A TI?

¿Cómo te sientes tú AHORA?

Escribe en una hoja, cómo te sientes ahora, y guárdala para el final del libro.

Después te diré que haremos con ella.

Intentaba actuar como ellos para encajar, pensando que así me iban a querer, que me iban a aceptar. Que así yo sería la hija perfecta, la ciudadana perfecta, y que era lo correcto ser alguien que, aunque me desconocía y **NO TENÍA IDENTIDAD, ERA CAPAZ DE RENUNCIAR A MÍ MISMA CON TAL DE ENCAJAR CON MI ENTORNO**.

Me escondía para quejarme y llorar EN SILENCIO, GRITANDO DENTRO DE MÍ, porque si me hubieran escuchado llorar me hubieran maltratado a palos y me hubieran recordado lo desagradecida y mala musulmana que era; estuve esperando un milagro hasta que entendí que el único milagro aquí ¡SOY YO MISMA!

Algunas personas dirán: ¡¡Woooow has aguantado mucho tiempo!!

Y otras dirán: ¡¡Yo llevo aguantando más tiempo que tú!!

Y yo te vuelvo a preguntar:

¿Hasta cuándo vas a dejar tu destino en sus manos?

¿Te duele lo bastante como para Dar el paso ya?

Alguien podría haber dicho que estaba harta de la vida, y que por eso permitía que me anulasen de esa manera, pero no era verdad; **YO AMABA A LA VIDA**, y estaba harta de la vida que los demás creían que era la correcta para mí, y no sabía cómo salir de allí sin llegar a causar daños.

Quería una segunda oportunidad y expresarme como **YO SOY** de verdad, pero no veía ni el día ni la hora para ponerlo en marcha.

Yo quería cambiar esa vida que me habían diseñado.

deseaba con todas mis fuerzas tener una vida en la cual no ser una participe pasiva, sino una **PROTAGONISTA**. Y seguramente que tú también, ¿verdad?

Seguro que **SÍ**. Quiero dejarte mi testimonio de hasta qué punto he estado hundida y como la vida fue poco a poco dándome pistas para despertarme y yo no me daba cuenta de ello. Para que así tú puedas reparar los daños sin llegar hasta el punto donde he llegado yo.

Atenta al siguiente capítulo…

EL BOOM DE MI DESPERTAR, MI LECCIÓN DE VIDA.

Fue curioso mi **DESPERTAR**. Desperté cuando me quedé **INVÁLI-DA**, después de aquella discusión con mi querida madre. (querida madre porque entendí muchas cosas después…).

No podía imaginar que tras aquel encuentro con ella, me aguardaba ese evento que cambió el rumbo de mi vida para siempre…

El quedarme **INVÁLIDA** y que los médicos no entendieran lo que me pasaba, hizo **DESPERTAR** más mi curiosidad e investigar sobre el caso. **ME NEGABA A QUEDARME INVÁLIDA CON VEINTISIETE AÑOS**.

Después de aquella fuerte discusión con ella, a los 3 días, una tarde después de venir andando del gimnasio, sentí un poco de cansancio pensando que era algo normal, así que decidí ir a la cama a descansar.

Sentía ganas de ir al baño, así que intenté levantarme, y me di cuenta de que no tenía control sobre mi cuerpo.

Y pensé: "Seguro que estoy soñando".

Lo volví a intentar y nada, seguía sin tener control de mi cuerpo.

Eran las 20:00 horas y el padre de mi hijo (en aquel entonces no había nacido mi hijo) llegaba a casa sobre las 23.40 horas del trabajo; aguanté llorando e intentaba constantemente incorporarme y no podía. Era incapaz de mover la mano para coger el móvil y llamar a alguien para que me ayudara.

Llegaron las 23:40 y Jose Antonio vio que estaba en la habitación. Pensó que tenía sueño y que por eso estaba en la cama y no esperándole con la cena como de costumbre.

Impactado, sin entender nada, me preguntó: —Pero ¿Qué te ha sucedido? ¿Estás bien? ¿Desde cuándo estas así? —preguntaba alucinado.

—¡No tengo ni idea! Llegué muy cansada del entrenamiento y quise acostarme para descansar; justo cuando intenté levantarme para ir al baño, me di cuenta de que había perdido el control de mi cuerpo. Llorando se lo explicaba: ¡Jose Antonio, no puedo ni incorporarme en la cama! ¡Mira…!

Me llevó a urgencias…

Después de largas horas, ya por la mañana, me dijeron que mis análisis salían normales, pero no entendían porque, con veintisiete años, **de repente no podía ni siquiera incorporarme en la cama. No tenían explicación para ello**. Así que me mandaron de un médico a otro, un análisis tras otro hasta que descubrieron que tenía hepatitis B crónica, hígado irritado e inflamado y las defensas muy bajas, pero que no tenía nada que ver con la invalidez, ni entendían el porqué.

Me mandaron muchísimos medicamentos para el dolor y las inflamaciones que tenía. Las articulaciones de todo mi cuerpo estaban exageradamente inflamadas y necesitaba medicación para soportar ese dolor tan insoportable.

Pasaban los días y yo seguía sin poder moverme. Jose Antonio, al que estaré eternamente agradecida, fue mi GRAN APOYO. Lo que hizo conmigo no tiene precio. Me ayudaba para hacer cualquier cosa.

> **NO IMPORTA LO QUE SUCEDA, LO IMPORTANTE ES LO QUE HACES TÚ AL RESPECTO.**

Por las noches yo iba mucho al baño, pero con la invalidez lo que hacía era aguantarme para no molestarle, porque me decía a mí misma: "Bastante tiene con todo el esfuerzo que hace por una mujer, a la conoce desde hace poco tiempo y que le da problemas tan pronto". Me sentía avergonzada y una gran carga para él.

ME SENTÍA IMPOTENTE, sentía que era **INJUSTO** lo que me había tocado afrontar.

Pensaba que ya era bastante con todo lo que me había pasado en los años anteriores y que me merecía una vida mejor. Para mí lo principal era tener salud y ya no la tenía.

Así que con la furia y la inaceptación que sentía, decidí no coger ni silla de ruedas ni bastón (que te explicaré en los siguientes capítulos el porqué).

"EL CUERPO EXPRESA LO QUE LA VOZ SE CALLA".

Después de tres meses y ya con la inflamación de las articulaciones un poco mejor, empecé a sentir un poquito menos de dolor. **Por suerte ya podía sentir mi cuerpo con una pizca de alivio**. Aunque estuviera dolorida al hacer cualquier movimiento, hasta para girar el cuello, me sentía Bendecida a pesar del dolor, porque al menos **sentía**, que eso ya era un milagro para mí.

Aquellos lugares urbanos donde la vida se tiñe de gris, para colorearla hay que viajar a lo más profundo de uno mismo. El problema es que hacer este viaje no es tan sencillo, no todos pueden hacerlo. Solo los **PREPARADOS. <u>Tú eliges estar preparada para afrontar el problema o quedarte en el papel de víctima</u>**.

Sentía el deber de intentar levantarme y caminar poco a poco, aunque fuera arrastrando los pies (me acuerdo ahora, y se me pone la piel de gallina. No se lo deseo a nadie). Con la ayuda de Jose Antonio, me levantaba, y veía las estrellas del dolor, sentía que mis articulaciones se molían como el trigo, no podía caminar normal.

No estaba dispuesta a dejarme vencer. Me enfoqué de tal manera en mi recuperación, que no vi otra opción que no fuera Andar lo antes posible y no rendirme ante el dolor. Ni ante la compasión de los demás, que muchas veces en vez de ayudar te DEBILITA.

TU ENFOQUE.

> **Visualiza lo que deseas y no dejes de ver tu película,**
>
> **disfrutando de ella.**

Aprende a visualizar todo aquello que deseas, No veas para creer, **CREE** para **VER**. Te permitirá crecer hacia tus deseos, hacia tus anhelos, hacia **TI**.

Permanece atenta a los detalles y sobre todo **ACTÚA**; Porque **SIN ACCIÓN NO HAY BENDICIÓN**.

> Para cada situación hay una oportunidad de ser; una oportunidad de ser uno mismo, de mil formas diferentes. OPTA por mirar más allá y lidera un camino con el convencimiento de que puede haber algo más, y que puede ser diferente. ESTA ES TU GRAN OPORTUNIDAD.

Una vez más tenía la opción de rendirme, y caer en el victimismo, afirmándome en lo que me ha tocado y resignándome ante ello.

¿Cuántas veces has visto a alguien en la misma situación que yo, y se justifica con que DIOS le ha dado esa experiencia porque "así es la vida"? y/o ¿qué es lo que hay?

Pues permíteme que te diga: ¡¡vaya estupidez!!

Y te lo vuelvo a repetir; yo también me auto engañaba de esta manera.

DIOS O EL UNIVERSO TE DA LO QUE TÚ VIBRAS, tu atraes lo que tienes en todos los aspectos. Si vibras en positivo atraerás lo positivo, si vibras en negativo atraes la misma negatividad. Como se suele decir: lo semejante atrae lo semejante. Que no se te olvide; EL PODER LO TIENES TÚ SIEMPRE.

Yo estaba llena de resentimiento, ira, cabreo, victimismo, etc. ¿Y qué crees que estaba atrayendo? Pues lo semejante.

Hasta que no te das cuenta de que aquí la única responsable eres tú, NO CAMBIARÁS NADA, tú eres la que permite que te afecte, que te manipulen. Nadie te obliga a ser quien no quieres ser, excepto los miedos que crea tu MENTE, porque la mente lo dramatiza todo; absolutamente todo. De un granito de arena, construye montañas, y la única perjudicada aquí, sigues siendo TÚ.

Ahora bien, ya vas entendiendo que todo lo que te pasa DEPENDE DE TI, que tu mentalidad juega un gran papel.

Fíjate como en el siguiente capítulo como empieza a cambiar todo justo cuando eres consciente de lo que te rodea.

LA CURACIÓN, EMPIEZA POR LA MENTE.

Unas semanas después ya intentaba subir escaleras, pero no podía bajarlas, y tenía que coger el ascensor. Para mí eso ya era gloria bendita.

2 meses más tarde, ya caminaba con ayuda y dolor apoyándome en la pared, o apoyándome en el brazo de José Antonio, pero ese dolor disminuía conforme se me calentaba el cuerpo mientras caminaba.

> Nunca te rindas, nunca. Porque te prometo de que,
>
> viendo TU REALIDAD con otros ojos,
>
> CAMBIA TODO, TODO.

Te voy a contar la historia de una chica que admiro muchísimo, por su valentía, y por saber sacar lo mejor a las cosas que nosotros podemos ver cómo un agujero negro sin salidas.

La historia de una bailarina que nació sorda.

Lin Ching Lan es un claro ejemplo de superación y de esfuerzo. Es la prueba de que con dedicación y constancia nada es imposible.

Desde pequeña siempre quiso bailar. Pero cuando nació le dijeron que poseía una discapacidad auditiva severa y que nunca podría ser bailarina. A pesar de ser rechazada por muchas escuelas de baile, **Lin** siguió adelante y aprendió que aunque ella no puede oír la música, **puede sentirla y bailarla**.

Lin dijo: "Cuando me dijeron que no podía bailar, me sentí muy triste y me preguntaba: '¿Por qué no puedo escuchar? ¿Por qué no puedo bailar? Sólo porque no puedo escuchar ¿significa que no puedo bailar?' pero aun así, nunca me di por vencida con mi amado baile."

Lin señala que gracias a su discapacidad auditiva pudo desarrollar un gran sentido del tacto. Puede sentir las vibraciones de la música a través del suelo de madera, lo que le permite bailar hasta el día de hoy.

Luego con mucho entrenamiento y enfoque, **Lin** ha llegado a ganar premios en Olimpíadas para sordos en Taipei, ganar el papel protagónico en una película taiwandesa y fundar la primera compañía de danza para bailarines con discapacidad auditiva en Taiwán. **Lin** además posee el título "Miss Sorda de Asia 2015" y es una de las muchas mujeres que se asoció con la marca de cosméticos japonesa SK-II para su campaña "Cambiar el destino". Con ella busca capacitar a las mujeres para realizar sueños a pesar de las dificultades que deban sortear. Y ella es un claro ejemplo de ello.

Teniendo en cuenta la mentalidad, y el enfoque en lo que deseas, quiero hablarte de algo muy curioso que lo descubrí en una de mis profesiones. Siempre he sido muy curiosa, e investido las cosas que me despiertan interés, sobre todo las cosas que tienen relación con el cuerpo humano; que seguro que a ti también te va a despertar la curiosidad, investigarlo.

Allá voy...

EL SIGNIFICADO EMOCIONAL DE LA ENFERMEDAD.

> *Al lado de la dificultad, está la felicidad.*
>
> *El profeta Mahoma.*

Al ser Quiromasajista (también), me enfoqué en la relación que hay entre las enfermedades y las **EMOCIONES**, ya que es importante para mí saber el estado emocional que se encuentra cada paciente/cliente a la hora de ver sus contracturas musculares y de sus huesos, articulaciones, cráneo, etc. y así poder ayudarle a mejorar más rápido, desde la raíz. Y cuando me enfermé yo, tuve que investigar más todavía ya que nunca había tenido ningún caso parecido; necesitaba entender que me estaba pasando…

Todas las enfermedades tienen entre sus causas, un **fuerte componente emocional. Una manera distinta de entender nuestros problemas desde la relación inseparable entre cuerpo, mente y emociones.**

Yo tenía las articulaciones de todo mi cuerpo hechas un cristal roto y exageradamente inflamadas. El hígado irritado e igualmente inflamado y Hepatitis B crónica. No podía levantarme de la cama ni cerrar la mano siquiera; y que me dijeran los médicos que eso **era para siempre y que incluso podía empeorar**, me entristeció muchísimo; por poco me da un infarto del susto. Sobre todo, cuando me dijo el médico que eso si sigue a más, aparte de estar inválida podría acabar teniendo CÁNCER porque mi hígado lo tenía bastante irritado y debilitado, y más aún cuando varios familiares han muerto por eso. Estaba muerta de miedo.

Saber que, después de aguantar veintisiete años de infelicidad con mi familia, ahora me esperaba algo peor, porque no tenía ni SALUD, ni familia, ni amigos, ni dinero, ni piernas que me acompañaran en mi caminar. (Suelo ser de las que le llegan los pakcs completos, no uno a uno)

Después de esa pelea con mi madre, me quedé completamente destrozada y sin aquellos a los que más quería.

Mis hermanas no podían acercase a visitarme, ni siquiera llamarme por teléfono, porque según ellas así respetaban la decisión de mi madre.

Ella se molestaba si se enteraba de que mis hermanas querían venir a verme. Y no se imaginaban la gravedad de la situación por la que yo estaba pasando.

> Muchas veces los primeros que te dan la espalda son lo que menos te esperas. Los de tu propia sangre.

…Volviendo al tema.

Cada una de las enfermedades o patologías que se manifiestan en nuestro cuerpo tiene una relación directa con las emociones que hay escondidas detrás de ella. A mí me ayudó muchísimo entender por qué me había afectado al hígado de aquella manera.

Mi rabia acumulada y el enorme aguante durante tantos años acabaron por hacerme daño al hígado, órgano directamente relacionado con esta emoción.

EMOCIONES RELACIONADAS CON EL HÍGADO INFLAMADO E IRRITADO:

Representa la tristeza en el ALMA, falta de dulzura en la vida, falta de sentir felicidad, falta de vibración positiva, falta de alegría, ausencia de tu ser interno.

Los problemas del hígado se manifiestan cuando la persona hace

demasiado, se preocupa por todo lo que sucede a su alrededor en lugar de digerirlo bien, es decir, adaptarse o amoldarse a los acontecimientos. Tiene miedo de las consecuencias, sobre todo de fallar en algo. Esta dificultad de adaptación a una situación nueva le hace sentir mucho enfado e irritación.

Estos problemas también indican una actitud depresiva, aun cuando sea inconsciente. En metafísica, el hígado es el lugar del enfado reprimido. La persona afectada por los problemas hepáticos suele ser del tipo que no se ofende, porque se siente indefensa, incompetente ante las ofensas. Se muestra en desacuerdo con los que se ofenden, sobre todo con aquellos que pierden el control. Porque yo me esforzaba mucho para no demostrar nada. Sentía amargura y tristeza. Cuando llevaba ya mucho tiempo reprimiéndome. En lugar de sufrir un ataque de enojo y desahogarme, sufrí una crisis hepática.

EMOCIONES RELACIONADAS CON LAS ARTICULACIONES

Están relacionadas con: Movimiento, Valoración.

¿Cuál es la emoción biológica oculta?

Tener problemas en las articulaciones, quiere decir que estoy viviendo o he vivido alguna situación de **"CAMBIO"** que me niego a aceptar. Siempre es un conflicto de desprotección relacionado con la parte del cuerpo afectada, y yo tenía todas las articulaciones dañadas y exageradamente inflamadas. Fui incapaz de adaptarme, incapaz de comprender, de evolucionar y de mejorar, y estaba así inconscientemente, dañando mis articulaciones. Tenía muchísimo miedo al cambio. INCONSCIENTEMENTE ME NEGABA EL CAMBIO AUQNUE LO DESEABA CON TODAS MIS FUERZAS.

> **Las articulaciones representan simbólicamente mi flexibilidad hacía el cambio.**

Emociones escondidas:

"Me resisto, me siento desprotegida ante los cambios".

"Los cambios me dan miedo". "Si algo cambia, me muero".

O sea, yo era resistente a ese cambio, no aceptaba el estar sin familia. Pero tampoco aceptaba hacer lo que ellos me exigían que fuese. Yo quería ser yo misma sin tener que renunciar a ellos. Y de ahí pasé a quedarme inválida completamente.

EMOCIONES RELACIONADOS CON LA HIPATITIS B CRONICA:

La hepatitis puede estar vinculada con mis relaciones personales o con una situación difícil. Este conjunto de emociones negativas trae debilidad y desesperación, y causa ira, culpabilidad y conflictos de prioridades. Cuando "me quemo la sangre" por nada, esto me lleva a vivir mucha ira, rencor, rabia e incluso odio que puede llevar a la violencia contra mí misma, o contra los demás.

El hígado es el lugar donde puedo acumular emociones tóxicas y de excesivo odio. Es la sede de la ira. Las palabras o enfermedades acabadas por "itis", como hepatitis, indican irritación, ira.

Ante la **incapacidad de ser yo misma**, y liderar mi **cambio**, realmente **no estaba preparada** para romper arquetipos.

Empecé un proceso de amargura, similar al marchitamiento que sufre una planta que ya no recibe la luz o el agua que la hidrata, y le da vida. Eso es precisamente lo que me ocurrió:

No tuve capacidad de autogestión.

La ira, el miedo a perder, la tristeza, el no tener identidad.

¡EL NUEVO COMIENZO ME ASUSTÓ!

Y vaya si lo perdí todo, y encima sin dinero. El pack completo.

Sentí que la vida se me escapaba de las manos, y todo de golpe.

Al verme inválida y con riesgo de terminar con cáncer, mi ilusión por vivir desapareció…

Estos aspectos son los que conforman, en muchas ocasiones, la realidad de muchas personas, que, por causas familiares, amigos, parejas, hijos, trabajo, Cultura, Religión, etc. han **muerto en vida** ante la incapacidad de regenerarse, reinventarse. Permanecen en la fase de **ORUGA**, sin plantearse transformarse en a una bellísima **MARIPOSA**. ¡Y llevan años y años así!

Y tú, ¿de verdad vas a seguir siendo una ORUGA?

¿o ya te ha dolido lo suficiente y quieres cambiar?

¿De verdad te vas a negar el derecho de TRANSFÓRMARTE en MARIPOSA?

La otra noche subí a mi página de Facebook un video de una entrevista que me hicieron, donde yo explicaba un poco mi historia personal y el porqué estaba escribiendo **YO SOY MARIPOSA**.

(Lo puedes ver tú también en YouTube con este QR).

Y si no tienes lector QR, solo con poner en YouTube "Historia Fátima Saoud" te saldrá el video.

A lo que iba… Una mujer escribió lo siguiente: "Lamento mucho no poder escucharlo, estoy sorda desde hace algunos años, pero por los comentarios se ve que es muy bueno tu video. Felicitaciones"

Viendo ese comentario me vi con la obligación de explicarle todo el video, detallándole la importancia de las emociones en todo lo que hacemos, y que muchas veces sufrimos enfermedades, y que yo con esa invalidez aprendí mucho, etc.

Ella contestó agradeciéndome mi interés para que ella entendiese de qué estaba hablando, y me resonó su respuesta: "Me dicen que no escucho por conflictos de la vida y me he dado cuenta de que SÍ. Me dicen que hubo algo que no quería escuchar, ¡¡y es así!! Sufrí mucho desde que tengo uso de razón, mi padre se emborrachaba **y la verdad no me acuerdo de que haya sido feliz algún día.**

No sé, pero desde pequeña me sentía mayor, y lo que me cuentas me hace pensar más, de que es cierto que no escucho porque siempre he escuchado lo que no quería escuchar, y mi mente tapó mis oídos. **Voy a luchar por ellos.** Gracias me has hecho reflexionar mucho con tu experiencia".

Y tú querida lectora, ¿qué conclusión sacas?

YO SOY Mariposa

Lo que más me llama la atención, es que, hay muchas personas que incluso saben lo que les pasa, pero se creen que con saberlo es suficiente. Y no es así, hay que tomar **ACCIÓN**. Yo no podría caminar tan pronto sino hubiera actuado con rapidez, el universo es rápido actuando, así que nosotros también debemos de serlo. No esperar sentados a que caiga un milagro. Porque **recuerda** que **EL ÚNICO MILAGRO AQUÍ ERES TÚ**.

ASI QUE POR FAVOR ¡¡ACTUA!!

Muchas veces, aunque sabemos lo que tenemos que hacer y no nos atrevemos a actuar, o simplemente lo aplazamos creyendo que después de "x" tiempo vamos a poder afrontarlo o estar más preparados, y así, poder atravesar con éxito el "problema" que tenemos ante nuestros ojos, y pasan años y años y seguimos en la ignorancia que nosotros mismos hemos creado.

Lo que si te digo que, si no actúas tú y ya, nadie lo hará por ti, nadie.

Y pasando los años no mejora nada, al revés, **EMPEORA**.

EL TIEMPO LO ÚNICO QUE CURA ES EL JAMÓN.

Yo aquí te dejo mi testimonio de cómo estaba yo antes, y de como actué frente a esas adversidades y de llegar donde estoy ahora, ya no tengo ni rastro de ninguna de las enfermedades que padecía, logré caminar, cumplí mis sueños, y sigo cumpliendo más sueños, que en su tiempo pensaba que eran imposibles de cumplir.

> **Siempre puedes programar conmigo una sesión privada por Skype para atenderte, y ayudarte a atravesar y ver cómo vas progresando y cumpliendo tus sueños.**
>
> Más información en: info@fatimasaoud.com

Mi **RETO** ahora es **AYUDARTE A VER LA REALIDAD**. Tu realidad con otros ojos y así **ACTUAR**.

Yo sé que tú puedes, y estás interesada en lograrlo, y si no fuera así, no te habrías interesado por mi libro, ni por mi historia.

Quizás has pasado por cosas peores que yo, o quizás no.

La filosofía que lleva a cabo **YO SOY MARIPOSA**, que independientemente cual sea tu "reto de vida" o tus circunstancias, es ayudarte a ver que sí puedes ser feliz siendo tú misma, actuando desde el amor y no desde la rabia, ira o el miedo. Porque así, quien ha perdido y seguirá perdiendo **ERES TÚ**.

En las siguientes páginas te voy a **DESTAPAR LA MENTIRA** de esa realidad que nos hacen vivir. Tomando consciencia de lo que nos rodea.

VEMOS LO QUE NOS INTERESA VER.

ROMPIENDO CADENAS:

> *"Desperté y me di cuenta que todo el mundo estaba dormido".*
>
> *Leonardo da Vinci.*

Venimos a este mundo sin manual de instrucciones; no nacemos enseñados, pero nuestros padres tampoco, ni tu pareja, ni el entorno, ni nadie lo sabe más que tú. Y tampoco saben lo que necesitas (a veces ni tú lo sabes de tantas vocecitas a tu alrededor). Creen que haciendo esto o aquello a su manera es lo correcto, ya que bajo sus experiencias, es lo que han aprendido y creen que es lo ideal para ti, pero en el fondo ellos sienten que no es así; y si no me crees, fíjate en sus problemas emocionales como te expliqué en las páginas anteriores.

Mi madre quería que yo hiciera lo mismo que ella, **aunque la primera infeliz era ella**, porque seguía el mismo patrón de su madre.

Yo tenía que ser más estricta en la religión que ella de pequeña, ya que ella de pequeña no era tan religiosa, se dio cuenta que se equivocaba y que ahora había que recuperar el tiempo perdido, y que yo lo hiciera mejor que ella, no vaya que Dios me castigue. Mi madre hacia eso para protegerme. **Y no solo mi madre es así**.

¡Millones de padres, por no decir todos, son así de protectores A SU MANERA!

"Llegó al punto de prohibirme comer con ellos en la misma mesa, creyendo que así yo iba a cambiar mi actitud, y lo único que consiguió es alejarme más todavía de ella y de sus creencias limitantes".

Al investigar sus problemas de salud y relacionarlos con sus emociones me di cuenta de que, ¡no se lo creé ni ella!

Empecé a plantearme lo que le pasaba a mi madre y sus enfermedades….

Cuando yo lo comprendí me di cuenta que, la diabetes de mi madre significaba que no saboreaba su vida y que tampoco estaba feliz con lo que hacía. pude comprender desde el corazón que ella no era consciente, al fin y acabo, ella no tiene los conocimientos que yo tengo, y dejé de juzgarla y odiarla.

Me di cuenta de que le bajaba muy a menudo la tensión y eso significa que revive sin cesar situaciones que le recuerdan heridas afectivas no sanadas ni resueltas.

También tiene tendencia a dramatizar las situaciones debido a su gran actividad mental, que le hace sentir muchas emociones. Es una persona muy sensible, que quiere ver felices a todos los que la rodean, con este deseo crea muchísima tensión y presiona mucho para encontrar la forma de lograrlo, creyendo que a su manera es lo correcto. Y ahí comprendí su dolor y su falta de consciencia.

Ella es muy religiosa, pero yo siempre me cuestionaba hasta qué punto lo es de verdad. Porque una persona que tiene fe ciega en Dios o el universo o como tú quieras nombrarlo, no estaría tan preocupada ni estaría enferma de tantas cosas a la vez.

Somos vibración y atraemos lo que vibramos todo el tiempo.

Cuando hablo con ella de esas cosas, me ignora o me responde algo así:

"Has tenido mucha suerte".

"Mamá por Dios reacciona, que la abuela también murió de cáncer de colon. El abuelo de diabetes tipo 2, y el otro abuelo entre otras cosas tenía las articulaciones peor que yo; ¿por qué crees que yo vencí eso y él no?"

Me mira, y poco después me ignora otra vez.

Y así llegué a esta conclusión:

¿Pero…cómo os voy a hacer caso y seguir las pautas que habéis seguido vosotros, si ni vosotros mismos estáis felices con lo que hacéis? Me niego a ser una réplica más.

Gracias a Dios/Universo, he vencido muchísimas enfermedades porque logré conectar con mi niña interior. Empecé a conectar con mi interior y a vibrar de otra manera más sana.

Y una vez más mi madre opinó: —"tú has tenido mucha suerte y por eso ya no tienes ni hepatitis B, ni hígado inflamado e irritado, caminas como si nunca hubieras estado inválida en tu vida. Eso es porque

Dios te quiere" —dijo convencida.

> **Cada uno ve la misma REALIDAD de distinta manera.**

Un mensaje a mi querida Mamá:

> "Mamá. No me sirve que me obligues a creer en algo, si te veo a ti que no paras de sufrir y de reflejarlo en todos tus actos. Así que déjame hacerlo a mi manera. Déjame experimentar la vida como se merece, y por favor, no sufras por mí, estaré muy bien.
>
> Con mi propósito de vida me lleno de alegría, fe y esperanza.
>
> Te amo mamá ♥"

Y tú, querida lectora ¿Qué opinas?

¿Ya sabes que patologías emocionales tienes tú y tu familia?

¿Te animas a investigarlo?

¡Recupera tu identidad y permítete ser!

Porque estar muerta en vida significa perder tu identidad, tu alegría, y las ganas de crecer y ser feliz. Tus ganas de RENACER de nuevo.

Cuando empiezas a entender todo lo anterior, te das cuenta de que tus padres también tienen otras patologías y moldes arrastrándose desde hace años, te enseñan de la mejor forma que saben, pero no quiere decir que están en lo cierto.

Nadie más que tú sabe lo que necesitas.

En las próximas páginas te voy a hablar del espejismo entre padre / madre e hijo, y hasta qué punto podría anclar a ambas partes.

El ESPEJISMO ENTRE PADRE / MADRE E HIJO, la parte oculta de la relación entre ellos.

> Lanza una piedra, lánzala lejos o cerca, pero lánzala hacia
>
> el camino que realmente **dibujas tú con tus manos.**
>
> **¡HAZLO TÚ!**

Ser madre o padre no es tarea fácil. Y lo digo yo que soy madre de un niño de dos años y medio, y es maravilloso tenerlo en mi vida. Mi vida no sería la misma si no estuviera mi niño en ella. Realmente fue un milagro quedarme embarazada de él.

Soñaba ser madre, soñaba con esos días de llegar a acariciarlo, besarlo, abrazarlo y darle de comer, bañarlo, etc.

Pero, eso no quita que algunos días me den ganas de meterlo en una bola de cristal y no escuchar sus gritos, sobre todo en esos momentos que necesito una concentración extrema. Como ahora que estoy escribiendo este libro **"YO SOY MARIPOSA"**.

Mientras otra persona pone música clásica para poder concentrarse y así inspirarse para escribir un gran libro, yo estoy escuchando música de dibujos animados para bebés, intentando concentrarme en escribir entre su "melodía" y gritos, y estar pendiente de él al mismo tiempo, (te puedes imaginar el circo que tengo ahora mismo en casa ☺) te prometo que eso día tras día, agota. Y me pongo en la piel de esas personas que tienen más hijos, más grandes o más pequeños que el mío, y debe de ser una montaña rusa **para los padres e hijos**. Sobre todo, cuando tienes un niño INCANSABLE como el mío, desde que se despierta hasta que se va a dormir, es incansable; una ya no sabe si quedarse embobada con él, o seguir escribiendo e ignorarle. Yo opté por hacer las dos cosas, y la prueba está en tus manos ♥

Y me pongo en el lugar de nuestros padres que han podido aguantar nuestra evolución, incluso con esas creencias tan limitantes que llevan arrastrando hace años, y soportar nuestra mentalidad distinta a la de ellos, NO FUE FÁCIL NI PARA ELLOS NI PARA NOSOTROS.

Y créeme, tener actitudes opuestas es agotador para ambos.

Queremos ser padres perfectos y empezamos: no hagas esto, no hagas aquello, no toques esto, no seas así, no comas así, cállate, duérmete, no llores, no grites, come más, come menos, siéntate aquí, no me hagas enfadar y etc y más etcs.

Al permitir a ese niño expresar lo que es, que al fin y al cabo es **el reflejo de nuestro niño interno**, ni nosotros estamos teniendo buena vibración para nosotros mismos ni para esa pobre criatura.

¡Permítele expresarse sin limitarle! ¡Permítele SER! ¡Permítele ser quien le dé la gana de ser!

El latido de un corazón, el vuelo de una mariposa. Fantasía diaria, rutina errónea y voz creada para ser callada. Solo querer volar y cortarte las alas resultando un corazón morado con ojos mojados. Ser la luz de un túnel sin poder guiar a los que te guardan. Impotencia. Ganas de crear un nuevo mundo y acaban de pisotear el tuyo. Armadura de rosas y corazón de hierro. Error caído, error derrotado en una batalla. Solo tiemblo pisando mi techo. Llego desnuda en un mundo de alfileres y la sutileza de la inocencia exhala el fuego de mi alma. El éxtasis de mi vida arde en el capullo que me envuelve. Muros creados por mis orígenes, rotos por mí. De una simple oruga llegar a batir mis alas combatiendo mis miedos. Mirar atrás con fragancias del recuerdo, ver los obstáculos de tu camino hasta el aire que invade mi cuerpo. Yo soy mariposa.

María Dolores Corral Ruiz

@pensandoagritos

Los padres somos un instrumento para ayudar a este ser (nuestro hijo) a aprender a desarrollar sus habilidades y talentos, y a hacer lo que vino a hacer en la vida, porque me guste o no, mi hijo no vino al mundo a ver que se me puede ofrecer, o a ver que me gustaría que él estudie o a ver qué es lo que me gustaría que él haga con su vida. ¡NO!

Mi hijo vino al mundo a cumplir su misión en la vida. Y mi obligación no es cambiarle, o hacerle ver al mundo a mi manera, sino apoyarle a desarrollar sus talentos para que haga lo mejor posible su vocación y ser un gran maestro. la necesidad de evitar sobreproteger a nuestros hijos para que puedan ser ellos mismos, para que sepan desenvolverse en la vida y, en definitiva, para que sean felices. Nos parece un acierto entender que los hijos no nos pertenecen, no son nuestras extensiones y no deben satisfacer necesidades de los padres y madres, sino encontrar su propio camino. Y nuestra misión es acompañarlos, respetarlos y prepararlos para este camino.

Al igual que yo, yo también vine a este mundo para cumplir mi propósito en la vida. Y aquí cada uno tiene que estar pendiente de su misión.

KHALIL GIBRAN: "SOBRE LOS HIJOS"

"Tus hijos no son tus hijos. Son hijos e hijas de la vida deseosa de sí misma.

No vienen de ti, sino a través de ti y aunque estén contigo no te pertenecen.

Puedes darles tu amor, pero no tus pensamientos,

Pues ellos tienen sus propios pensamientos.

Puedes hospedar sus cuerpos, pero no sus almas,

Porque ellas viven en la casa del mañana, que no puedes visitar ni siquiera en sueños.

Puedes esforzarte en ser como ellos, pero no procures hacerlos semejantes a ti porque la vida no retrocede, ni se detiene en el ayer.

Tú eres el arco del cual tus hijos, como flechas vivas, son lanzados (...).

Deja que la inclinación en tu mano de arquero sea hacia la felicidad".

Querida lectora, te pido que si eres menor de edad o simplemente sino eres padre/madre, que les pases a tus padres o a la persona que crees que le pueda servir estas páginas. Estamos para ayudarnos porque **no nacemos enseñados**, y nuestra labor es abrir el camino entre nosotros.

Gracias, gracias, gracias de corazón.

Muchos padres demuestran hacia los hijos: me lo debes, lo hice por ti, aguanté este matrimonio por ti, etc. Algunos casi llevan una lista de las cosas que han hecho por él, y constantemente están reclamando: me sacrifiqué, luché por ti, etc. y sabes una cosa: no le están haciendo ningún favor reclamándole cada vez que te parece oportuno.

Lo haces pensando que es para su bien, que cuando sea grande pueda protegerse de personas que puedan hacerle daño, como amigos, novios/as, jefes, etc. y lo que no sabes es que le estás haciendo tu daño desde ya, ¡¡ya lo está experimentando contigo!!

Ya le estás anulando como persona de tantas protestas y reclamos de lo que es o lo que debe de ser o hacer.

Estamos lidiando con personas que siempre van a ser más pequeños que nosotros. Si todo el tiempo estamos reclamando a los hijos esto y aquello, nunca se sentirán amados, **más bien se sentirán una carga**. Y aquí tienes mi ejemplo: yo crecí sintiéndome una autentica carga, y eso me acompañó hasta hace pocos años, con todo el mundo que me rodeaba me sentía como tal. Me afectó tanto eso que cada vez que estaba con alguien me sentía así.

Un padre o una madre no es solo darle de comer a sus hijos, ducharles, llevarlos al parque, etc. Los padres estamos para tener nuestros hijos sanos emocionalmente. Escucharlos, interactuar con ellos.

Muchos padres ni saben escuchar a sus hijos, creyendo que al ser pequeño es suficiente con reírse de su torpeza a la hora de estar aprendiendo caminar o comer, hablar, etc. Que mientras están en la misma casa, aunque estén más pendientes de la tele o del móvil que es suficiente, y perdona que te diga; es mejor darle a tu hijo 30 minutos de calidad que 24 horas de ausencia. Que estés a lado de él no quiere decir que estás presente, al revés estas AUSENTE.

Y no es ningún favor tener hijos. Es un compromiso con la vida al tenerlos. Tú le diste la vida, pero **tu deber es tener hijos sanos EMOCIONALMENTE**.

Los niños expresan lo que los padres se callan.

No te puedes hacer una idea de cuanta conexión hay entre padre, madre e hijo; incluso cuando se enferma siendo bebe tiene que ver en los adultos, en que aspecto está desequilibrado; quiero decir, si tu hijo se resfría, tienes que mirar quien de tu casa esta TRISTE, si la madre o el padre, o ambos.

Parece una tontería, pero te prometo que es la verdad. Mira dentro de ti, mira tu relación con atención y verás que es cierto.

Porque muchas veces pensamos que con disimular cerca de nuestros niños nuestra discusión es suficiente, y no puedes estar más equivocada. Porque esa emoción la guardas dentro de ti, y muchas veces te crees que con salir a tomar el aire es suficiente.

Tu hijo es tu espejo, y por mucho que disimules estar muy bien, él lo absorbe de tal manera que lo proyecta. Y así expresan nuestros conflictos con acciones negativas o enfermedades.

> Y ahora que ya lo ha leído un padre o una madre, ahora te toca a ti o junto a esa persona leer este mensaje, teniendo hijos o no, debes de estar atenta a este mensaje.

Siendo también madre, yo hago lo que puedo para que mi hijo no le falte de nada, y lo hago de la mejor forma que sé. Pero eso no quita que en algún momento le deje algún trauma a mi hijo Kevin Idrís, por mucho que lo intente terminaré haciendo algo que le marque para siempre.

Los padres y madres hacemos todo lo que podemos para que nuestros hijos tengan mejor vida que nosotros. Y no cabe duda que mis padres han intentado darme lo mejor que sabían dar, y se equivocaron conmigo muchísimo y me hicieron el mayor daño posible intentando protegerme a su manera, **pero no me han protegido de ellos**

mismos ni de sus miedos. Querían que vea la vida a su manera, pero yo simplemente fui diferente.

Yo fui su gran espejo, se proyectaron en mi muchos miedos y agresividad, pero realmente ahora que soy consciente de muchas cosas y sé que aunque con sus más y sus menos eso era su mejor manera de expresarme su amor.

¿Cómo puede dar amor o protección un padre o una madre si ni siquiera saben amarse, respetarse ni protegerse a ellos mismos?

> Un ejemplo: ¿Cómo vas a enseñarle inglés a tu hijo si tú no sabes ni una letra en inglés?
>
> Tendrás que aprender tu primero, ¿verdad? Pues eso pasa con todo en la vida.

A muchos padres les va a ofender lo que estoy diciendo, y lo siento si te he hecho sentirte así. Pero mi deber es decirte la verdad."

Dirás cómo que no voy a amar a mi hijo o hija. Y yo solo te pido que cierres los ojos y proceses toda esta información que te estoy brindando y ya después juzga por ti mismo/a.

Os tenéis que apoyar el uno al otro, estamos en este mundo para ayudarnos, que menos que ayudar a tu hijo o tu madre/padre a ser como ellos quieren ser. Cada uno/a de vosotros tiene un propósito en esta vida que cumplir, y si estáis juntos en este mundo físico por algo será.

A mí también podría haberme tocado otro tipo de familia, ¿verdad? Al fin y al cabo, eso lo que dice la mente; Tu mente te dice que no te mereces eso, que tú familia o tu hijo no son lo que deseaste tener.

Por parte de hijo: ojalá mis padres actuarían conmigo de determinada manera.

O los padres deseando que su hijo algún día sea como les gustaría ser.

Pero ¡PARA!

Te repito, cada uno es como es, y cada cual progresa o mejora cómo y cuándo le toque hacerlo, pero para eso tú no puedes seguir sufriendo porque él o ella son así, **ACÉPTALO y RESPÉTALO**, igual que te gustaría a ti que te hagan.

No he escrito este libro para separar familias, al revés lo he escrito **para UNIRLAS de una forma más CONSCIENTE**. Que cada uno respete al otro, que no se ahoguen entre ellos con tanto "amor inconsciente", sino que se amen de verdad dando **AMOR CONSCIENTE**.

Y no estamos aquí para condenar a nuestros padres, sino para deshacer esos programas que llevamos años y años en nuestro árbol, que nuestros ancestros llevan de generación en generación soportando. Esos programas hay que transcenderlos en cambios de creencias que nos bloquean y transformarlos dando lo mejor de nosotros. **NOSOTROS SOMOS EL CAMBIO DE LA HUMANIDAD**.

Al igual que tú, si te ha tocado una determinada familia, es porque eres capaz de reprogramarte y ser lo que ellos nunca pudieron llegar a ser, y no estoy juzgándoles, pero las limitaciones que tenían ellos o ellas no son las mismas que tenemos hoy en día. El cambio depende de ti. **Tú tienes la capacidad de desaprender y aprender a ser tú misma**.

No quiero terminar este capítulo sin dejarle un mensaje a mi querido Angelito.

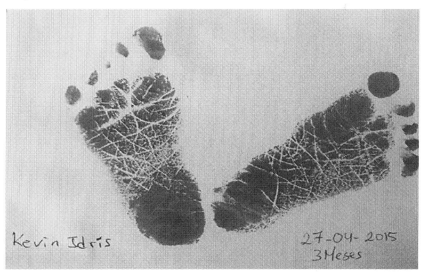

Kevin Idris   27-04-2015
3Meses

Gracias por elegirme para ser tu mamá. Tu nacer fue mi GRAN RENACER. Gracias por enseñarme a CRECER. Tu nacimiento fue lo más hemorroso que haya podido soñar.

A través de tu llegada se completó **MI DESPERTAR**. Si tenía alguna parte de mi consciencia todavía sumergida en sueños, ya terminó de despertarse al cien por cien gracias a ti, fue entonces cuando me prometí a misma, que mi niño **no va a tener una madre ausente**; me prometí a **AMARME** de verdad para poder transmitirte todo ese amor que te mereces. Porque estaba consciente de que, si no me amo, a ti tampoco llegaré a amarte realmente.

Gracias por ese amor incondicional que me brindas y me hace crecer contigo cada día.

Y tú querida Lectora:

¿Has llegado a cuestionarte si de verdad **TE AMAS**?

Escríbete una carta, donde expresas tus sentimientos **HACIA TI MISMA**. Sé sincera.

¿Sientes amor, valor, ternura, respeto hacia ti misma?

¿O ni si quiera sabes lo que sientes?

Respira hondo, cierra los ojos, y **SIÉNTELO**.

RESUMIENDO los capítulos anteriores:

Ya estás entendiendo la base del conflicto empezando por tus **EMOCIONES**, y las de las personas que te rodean.

Ya solo queda que tomes acción. Ahora que vas entendiendo esas faces... y eres consciente de lo anterior, vamos hablar de esa **VA-LENTÍA** que siempre has tenido ahí escondida, ahora toca sacarla a la luz. **Ha llegado el momento de desplegar tus alas**.

BROTANDO TU VALENTÍA.

> *"Lo contrario de la valentía no es la cobardía, sino la CON-FORMIDAD."*
>
> **Robert Antony.**

Sientes la necesidad de que tienes que dar el paso ya y ser valiente. Pero con pensarlo no es suficiente. Hay que tomar **ACCIÓN**.

Llevas años quejándote y deprimiéndote, y sabes que lo que estás pasando no es justo, pero sigues escondida entre tus miedos.

Ese miedo como te he contado antes, **lo crea tu mente, ES LO MÁS DRAMÁTICO QUE EXISTE SOBRE LA TIERRA, NO ES REAL**.

Antes de contarte como dar los primeros pasitos, permíteme que te cuente una historia de un gusano que deseaba ser mariposa.

El gusano y la mariposa:

Había una vez un gusano que iba por el campo. Era de color blanco con puntitos verdes en la espalda. Nadie lo quería porque decían que era muy feo y repugnante.

El pobre gusano se arrastraba muy triste por el suelo. Cuando llegaba a una planta, todos los insectos que había en ella se burlaban de él. No encontraba a nadie que le hiciera compañía, o quisiera jugar con él.

La única distracción que tenía, era subirse a lo alto de un árbol y ver volar a las mariposas. Daría cualquier cosa por volar como ellas. Se pasaba allí horas y horas observándolas. Pero cuando bajaba al suelo, volvía a encontrarse con las mismas burlas e insultos de siempre. Cansado de todo esto, decidió subirse a lo más alto de un árbol para que nadie pudiera encontrarlo. Nunca más volvería a bajar al suelo.

Un día, una mariposa se puso a descansar en la rama donde estaba él. Este se acercó hacia ella y comenzaron a hablar. Al final, se hicieron muy amigos. Y desde entonces, pasaban largos ratos hablando y estando juntos.

Después de un tiempo, el gusano le hizo esta pregunta:

—¿Por qué has querido ser mi amiga si nadie me quiere por lo feo y repugnante que soy?

Y la mariposa le respondió:

—Lo que importa para ser amigos, no es cómo eres por fuera, sino lo buena persona que eres por dentro.

El gusano estaba muy contento porque había encontrado un amigo de verdad. Estaba tan feliz, que una noche, mientras estaba durmiendo en lo alto del árbol, su cuerpo comenzó a transformarse. A la mañana siguiente, se había convertido en una mariposa bellísima, como nunca se había visto. Cuando su amiga mariposa vino a verle, y vio lo que le había ocurrido, se alegró mucho y le dijo:

—Ahora has sacado hacia fuera, la belleza y lo buena persona que antes eras por dentro.

Y las dos se pusieron a volar juntas. Desde ese momento, cada vez que veían a un gusano triste en lo alto de alguna rama, bajaban y se ponían junto a él. Y se volvía a repetir la misma historia.

¿Y TÚ? Sigues mirando la vida pasar sin atreverte a salir a experimentarla.

Es tiempo de volar, de estrenar tus alas o de tejerlas si aún no las tienes.

Es tiempo de entrenamiento. Se acabó la etapa de **ORUGA**. Lo que viene ahora es volar, porque eres esa fabulosa **MARIPOSA**.

TODOS nacimos con nuestro par de alitas energéticas, y nadie nos lo dice y por eso nunca accedemos a ese recurso tan importante en nuestro proceso evolutivo.

Volar es metáfora de cortar ataduras, despertar... tomar conciencia... volverte consciente y dar paso a tu VALENTÍA.

Volar es dejar atrás todo lo que ya has experimentado, dejando de lado ese dolor y enfocándote en lo que viene.

Volar es abandonar ese nido de comodidad y conformidad que te **ATA** y que ya no necesitas porque has salido al mundo real y abandonas esas creencias limitantes que te paralizan. Volar es cantar tus propias melodías y bailar a un ritmo inventado por ti. Volar es arriesgarse a **SER TU MISMA**. Volar es **SENTIRTE LIBRE**.

Volar es expresar lo que hay en tu corazón sin **MIEDO**. Volar es atreverse a darle una patada en el trasero del ego y decirle ¡Cállate!

Es el momento de que vayas tejiendo tus preciosos pares de alas, y entrenarlas para poder estrenarlas. Ha sido un largo proceso ese tiempo de **ORUGA** que te mantenía poseída. Ahora hay que seguir andando. Perdón, quise decir **VOLANDO**.

¡DESPLIEGA TUS ALAS Y VUELA!

Si no has podido volar aun siendo consciente de que tienes tu poderoso par de alitas, no te desanimes, tal vez debas primero convencerte de que tu destino es elevarte, acariciar los cielos y poder mirar desde arriba todos los sucesos terrenos... **DESDE LO MÁS ALTO TODO SE VE DIFERENTE**.

Quizás te sirva probar imaginando que vuelas, o visualizándote en un delicioso planeo desde tu casa hacia donde quieras llegar.

Tal vez debas crear una sólida amistad con el viento, volverte cómplice de él para no temer que te deje caer, pídele al Sr. Viento que te sostenga, pero sobre todo **CREE EN TI. Confía en tus alas, en tus capacidades, en que NACISTE PARA VOLAR y que es en esta etapa donde tendrás que usar ese talento que posees.**

Seguro que no lo recuerdas, pero hace muchos años atrás, cuando aún eras un bebé y gateabas, tuviste que aprender a caminar.

 En ese momento te sentías insegura, tenías miedo, pero la experiencia de caminar te parecía algo increíble y te arriesgaste.

Además, confiabas en tus padres, en que serías sostenida y recibida al caer. Pues así mismo tendrás que confiar en el gran **UNIVERSO/ DIOS** que te afirma y te da fuerzas desde arriba para no salir lastimada de este **GRAN PASO** que vas a iniciar.

Y no te creas que porque estoy escribiendo esto me he **GRADUADO** en vuelos.

No, yo también sigo aprendiendo a volar… Todos los días tomo mi clase con el Universo y dejo atrás mis miedos, mis prejuicios, paradigmas, creencias, costumbres y comodidad para fortalecer más y más mis alas. Y estamos juntas en esta experiencia maravillosa que es aprender a volar.

Y nadie dijo que sería fácil, pero no puedes perderte esta oportunidad de vuelo, de **ELEVARNOS JUNTAS, de seguir creciendo, y de pasar a esta nueva etapa de metamorfosis, y transformarte junto a mí en MARIPOSAS**.

ABRE TUS ALAS Y SIENTE LA LIBERTAD QUE SE ESTA DESPERTANDO EN TI. TU ERES MARIPOSA.

Te convences de que si, que ya es hora de dar el paso y tienes dos caminos: **VOLAR** o **HUIR**.

Te voy a contar como fui tan ignorante

MI HUIDA A OTRA CUIDAD, OTRA REALIDAD.

> *"Los que te echaron tierra por encima para enterrarte se olvidaron de que tú eres como las semillas, que cuanto más te cubren, más germinas, creces, floreces y das fruto"*
>
> *"Mi Granero"*

Después de que mi padre me pegara brutalmente, decidí ir a trabajar a otra ciudad, y no sólo cambie de cuidad, cambie hasta de país, con la excusa de encontrarme a mí misma.

Estar en otra ciudad, lejos de ellos y trabajar en lo que me gustaba no me ayudó a encontrar o aumentar tanto mi autoestima, sólo me dio recursos adicionales para encontrar más defectos en mí misma. Me negaba a reconocer mi propio valor y mi propia belleza interna y externa (inconscientemente me sentía como me llamaba mi madre de pequeña…una P…). Seguí luchando contra mí misma.

Curioso, ¿verdad?

Pensar que al huir o alejarte de ellos tu mundo va a cambiar. Inconscientemente te crees que eso se repara como por arte de magia, que alejándote gozarás de esa plenitud.

Y… amiga mía, las cosas no cambian con un simple cambio de cuidad o de país, pero, **ES EL COMIENZO DE TU GRAN CAMBIO.**

*Te extrañará el porqué te llamo **AMIGA**, sinceramente me sale desde el corazón, y el estar compartiendo mi intimidad contigo me hace sentir que estoy hablando con una **GRAN AMIGA**. Confesándome, e intentando hacerla ver que, no caiga en los mismos errores que yo, que si te caes, verás que si se puede salir.*

*Deseo de corazón que te ayuden mis confesiones para ti. Para que logres salir de ese agujero y te **PERMITAS CONVERTIRTE EN UNA LINDA Y PODEROSA MARIOPOSA**.*

Seguimos con más experiencias y confesiones…y mi huida.

MI ESTANCIA EN LONDRES.

Londres no fue un camino de rosas al principio, pero para mí, comparado con mi anterior vida, no era para tanto, así que aguanté.

Fui mentalizada para trabajar, como mucho, de camarera y dejar mis estudios de lado hasta aprender el idioma, pero para mi sorpresa encontré trabajo en un centro de masajes y en otra clínica a la segunda semana de estar allí.

Trabajaba de quiromasajista y al poco tiempo decidí ser autónoma, trabajaba menos horas y ganaba más, pero me sentía sola, ya que como allí cada vez que alquilaba una habitación la alquilaba en casas de familias, así que me sentía muy sola.

Intentaba distraerme con mis intensos entrenamientos, aunque me seguían doliendo las articulaciones, pero yo seguía.

Conseguí trabajar como modelo, quiromasajista, cuando tenía tiempo daba alguna que otra clase de Pilates y entrenaba de lunes a domingo. Estaba ya en mi salsa, pero seguía sintiéndome sola.

Seguí así varios meses, hasta que decidí **INICIAR UN TRABAJO EN MI INTERIOR**.

Con la infancia tan traumática que tuve, y al enfrentarme a mi madre, y mi baja autoestima no era raro que acabase con todas las articulaciones de mi cuerpo hechas un cristal roto. Rota como mi vida ante mis ojos.

La vida te sacude para sacarte de tu zona de confort.

UN SOPLO DE AIRE FRESCO.

"CUANDO NO QUEREMOS CRECER,

BUSCAMOS CULPABLES"

Cuando te conoces, cuando te respetas, cuando te escuchas, cuando pones tus necesidades en primer lugar, cuando sientes amor y te conectas con tu poder interior; entonces, es cuando puedes empezar a dar, pero para eso es muy importante que dejes de **sacrificarte impulsivamente.**

Aunque ya era mayor no sabía sentirme bien conmigo misma, mi actitud era autocriticarme, sabotearme, mi infancia se basaba en eso, en regañarme, pegarme, ridiculizarme… No sabía hacer otra cosa, formaba parte de mi vida el ser así.

Solo velaba por la aprobación de los demás. Mirarme al espejo y fijarme en mis ojos me ponía la piel de gallina, no me aceptaba. **Nunca me dije a mí misma "Fátima, Te amo". Nunca.**

Solo me atrevía a mirarme al espejo para tapar mis defectos; me daba asco a mí misma.

Y cuando alguien me decía algo bonito me sentía mal, pensando que es mentira.

Entendí que tenía que liberarme de esas cadenas mentales de

resentimiento que habían venido agrandándose con fuerza desde mi infancia.

Aunque había tenido una infancia muy difícil, y había padecido muchísimos maltratos físicos y mentales. Aquello no era excusa para seguir ese auto sabotaje conmigo misma.

Estaba maltratándome psicológicamente e inconscientemente comiéndome por dentro hasta que me quedé sin **SALUD**.

Lo interno se volvió externo.

AL IGUAL QUE LA COMIDA NO SALUDABLE SE ACUMULA EN EL CUERPO Y LO TERMINA INTOXICANDO, LOS MALOS PENSAMIENTOS SE ACUMULAN Y SE CREAN CONDICIONES TÓXICAS EN LA MENTE. 6 meses después no tenía rastro de dolor articular, ni la Hepatitis B, y encima **embarazada**.

Ahora sabía por experiencia propia que la enfermedad se puede curar si estamos dispuestos a cambiar nuestra manera de pensar, creer y actuar. Y por tanto la autosanación es un hecho para mí.

Al final lo que parecía tragedia terminó siendo lo mejor que me podría haber pasado en la vida. Ha sido mi gran bendición.

Fue un gran aprendizaje para mí, entre otras cosas, el valorar mi vida y el decidir **BASTA**. Hasta aquí he llegado, empecé a darle valor a lo que realmente me importaba.

Fue mucho lo que aprendí en aquella experiencia.

Creamos nuestra vida a partir de los pensamientos.

Pensaba que merecía la pena sacrificarme y hacer cosas que no me llenan con tal de que me acepten, ¿y qué pasó?

1º - Le daba todo el dinero que ganaba a mi madre para cubrir los gastos de la casa ya que mis hermanos eran más pequeños que yo. Cuando me quedé sin dinero y le pedí unos 300 € su respuesta fue que no, que ella tiene dinero guardado porque necesitaba, luego ese dinero que fueron 5000 €, los gastó en vacaciones con mi padre en Marruecos visitando varias ciudades.

2º- Me hipotequé con un piso para toda la familia, con mejores

condiciones de vida, ya que donde vivíamos estaba en muy mal estado. Yo pagaba todo. Tenía trabajo donde cobraba 1000 € y la hipoteca eran 730, cuando me pegó mi padre y le denuncié estuve de baja y al poco tiempo me echaron del trabajo aprovechando que mi contrato finalizaba. Les pedí a mi madre y a mis hermanos que me ayudaran a pagar.

¿Su respuesta? —ni tenemos, ni podemos. Esa casa es un pecado y además nadie te obligó a comprarla.

3º- Cuando me enfrenté a mi madre y me quedé inválida, aparte de que se enfadó, ella se molestaba cuando alguna de mis hermanas quería verme o llamarme por teléfono, dijo muy convencida que aquella invalidez es lo Dios me dio como merecimiento de mis acciones.

4º- Cuando crecieron mis hermanos, sobre todo uno de los hermanos, mi hermano decía: ¿con dos duros que has aportado y te crees alguien?

No te obligamos a trabajar para nosotros, han pasado muchos años y sigues siendo la misma fracasada de siempre y solo tienes deudas, no tienes hijos, no tienes dinero, no tienes nada, **Y TENIA RAZÓN**.

Y te puedo seguir contando…

Quiero decir con todo esto que, no importa los años, la salud, el dinero, el tiempo que dediques. Te sacrificas creyendo que es por una buena causa, y termina siendo una OBLIGACIÓN. Pero luego esas personas lo primero que te dirán: no te hemos obligado, y ES VERDAD.

Tienen toda la razón. Cuando mi familia me decía eso, solo me hundía y lloraba, etc. **Pero no cambiaba nada**. Solo me sentía triste, y no actuaba a mi favor, seguía haciendo lo mismo.

Con eso no estoy diciendo que no ayudes. Me refiero a que si te pasa lo mismo que a mí en aquel entonces…que ¡REACCIONES YA!

Que debes dejar de facilitarles la vida a los demás mientras aplazas tu felicidad, porque **en verdad no les estás ayudando**.

*Amada Lectora: Si digo algo con lo que no estás de acuerdo, sencillamente pásalo por lo alto, no lo tengas en cuenta. Si de todo el libro sacas una sola buena idea que te sirva para mejorar la calidad de tu vida, me sentiré completamente satisfecha por haberlo escrito. Deseo de corazón que este libro **te permita tu total DESPERTAR**.*

Pienso que todo lo vivido en esta época que hemos escogido sirve para estar aquí, para contribuir a este cambio, para promoverlo y transformar el mundo desde el antiguo estilo de vida a una existencia más amorosa y pacífica, independientemente de Creencias/culturas, etc.

Has estado buscando un salvador, salvadora, marido, mujer, novio, amigos, perder peso, etc. Pensando que cuando los consigas vas a encontrar la felicidad plena y que no pasa nada si sufres ahora.

Por desgracia, amiga, esto no funciona así. Con mucha frecuencia **ponemos condiciones a nuestro amor propio, pero la buena noticia es que podemos cambiar esto**.

Puedes amarte tal y como eres ahora mismo. Tú eres el poder que has estado buscando. **Y el amor es amarse a una misma primero**.

¿Y cómo se consigue eso?

Buscando tu salvador/a en ti misma. En tu interior.

Tú eres el poder que andas buscando, solo tú estás a cargo de tu vida y nadie más. Aplazamos el admirarnos a nosotros mismos.

Pues si no lo haces hoy tampoco podrás mañana. ¿Quién te garantiza que mañana seguirás viva? Y otra pregunta: ¿Si tienes a alguien, como un hijo/a, una madre, un padre, hermanos, amigos, etc.; **¿aplazarías amarlos hasta que estés preparada?**

¿Entonces, por qué eres tan dura contigo misma? ¿No crees que te mereces este amor cuanto antes?

No busques el amor desde fuera, búscalo en tu interior, tu poder interior. Recuerdo la primera vez que escuché que yo podía cambiar mi vida sólo si estaba dispuesta a perdonarme; parecía una idea realmente revolucionaria.

Al igual que puedes mirarte a un espejo y reconocer tu propia imagen; si miras lo que pasa en tu vida presente, puedes ver qué tienes dentro del corazón.

¿Y Tú, amada Lectora qué estás haciendo para que tu vida sea diferente?

¿Qué estás haciendo para obtener todo aquello que te MERECES?

Te lo pasas quejándote, culpando a los demás, viviendo la vida de los demás.

¿Eres una conformista?

¿Una mediocre?

¿Una cobarde?

¿O ERES ESA PERSONA QUE TOMA LAS RIENDAS DE SU VIDA?

En tus manos está tu vida. Los demás te afectan porque tú les das el poder. **Pero de hoy en adelante se acabó.**

Decides lo que quieres de una vez ya. **Cuando tocas fondo, cuando llegas a lo más bajo, ya no puedes caer más, vas para arriba y el universo se confabula a tu favor.**

Vamos avanzando, y estoy muy orgullosa de ti y de tus pasos gigantes hacia **TU LIBERTAD**.

Ya has superado los baches más grandes, ahora toca reconciliarte con tu niña interior y pedirle disculpas, y prometerle que la cuidarás de hoy en adelante.

ENCONTRANDO EL CAMINO.

Cuando dejas de lastimarte y escuchar a los demás de lo que tienes que hacer, **cuando encuentras el camino de la luz hacia ti misma ya no hay regreso a la oscuridad**.

Habían días de dolor; Era tan profundo, que no te permitía ver las posibilidades que se encontraban a tu alrededor. Es un gran momento el tomar conciencia y darte cuenta de… ¿Para qué te está ocurriendo esto? En cada levantar hay una experiencia fortaleciéndote, hay una nueva experiencia valiosa dándote un gran mensaje.

Cuando sales de la tormenta no eres la misma persona que entró en ella. De eso se tratan las tormentas.

Puedes seguir alimentándote con el dolor que traes del pasado y estar como aquella oruga que no sale de su envoltura por miedo que habrá ahí fuera, o aprender del pasado, aprender la lección que te trae esa experiencia vivida, **ASÍ TE DESPIERTAS A LA VIDA**, y dejas que ese gusano se transforme en una maravillosa mariposa, y en su vuelo te muestra el camino al despertar, donde se encuentra tu propósito de vida.

¿Y para qué has venido A ESTA VIDA?

Te invito a que te despiertes a la vida, y que sigas a la mariposa que llevas dentro. **Solo cambiando tu actitud, cambiarás tu vida.**

Se dice que el mulá Nasrudín estaba a cuatro patas buscando algo en uno de los pasillos del mercado. Un amigo se sumó a él en la búsqueda de lo que había perdido el mulá —Era la llave de su casa. Sólo tras largo rato de esfuerzo infructuoso, se le ocurrió al amigo preguntarle a Nasrudín: "¿estás seguro que perdiste la llave aquí?"

A lo que este respondió: "no, estoy seguro que la perdí en casa"

—"entonces, ¿por qué la buscas aquí?" —preguntó el amigo —"**¡es porque aquí hay más luz!**" replicó el mulá.

"Claudio Naranjo, Carácter y Neurosis".

Muchas veces buscamos la felicidad fuera de nosotros, intentamos

encajar con los demás, caemos en la trampa de hacer lo que ellos quieren o creen que es lo

apropiado, esperando que así vamos a alcanzar la felicidad, y la felicidad está dentro de una misma. No importa la edad que tengas, no importa si tienes 10 o 100, el **Alma no tiene edad. VIVE TUS SUEÑOS.**

Vivir con simpleza, vivir con libertad. No importa la edad que tengas yo elijo ser feliz.

¿Y tú?

Te voy a dar un ejemplo para simplificar todo que he estado hablando, para que lo entiendas mejor:

Proyectando lo que llevas dentro de ti.

Si estás viendo una película y al rato te das cuenta de que no te gusta lo que estás viendo, ¿Qué haces?

¿Rascarías la pantalla para cambiarla?

¿A que no?

Cambiarias la cinta, ¿verdad?

Cinta = Tú por dentro.

Proyector = Tus acciones.

Pantalla = Tu vida ante tus ojos.

Pues lo mismo debes de hacer contigo misma. Buscar en tu interior, sacar esa cinta que tan mal te sienta y reemplazarla por una nueva que te guste de verdad, que te haga inhalar felicidad y exhalar todo lo negativo que llevas acumulado dentro, **porque te lo mereces, porque te lo le debes a la vida, a tu vida**.

Para resolver desde la raíz los "RETOS" de esta vida, HACE FALTA ELIMINAR LA CAUSA que se haya en tu interior, sino cambias tu interior y únicamente esperas que se resuelvan solos...ahí te vas a quedar, mirando cómo pasan los años.

> **Enamórate de ti hoy mismo; que la vida es más sabia que tú, porque cuando tú cambias, todo cambia, brindándote lo mejor para ti y para los que te rodean.**
>
> **¡Simplemente se TÚ!**

Empieza a nutrirte internamente, enamórate de ti misma, auto-ena-mórate y permítete ser. Y así empiezas a encontrarte, te rodeas de personas que te permiten ver tu espejo, personas bonitas que te permiten ver reflejado lo que tienes dentro, empieza a explorar tu autoconocimiento de que son tus espejos, que te permiten saber quién eres.

Los espejos que se te presentan, puedes reconocerlos, pero sólo des-de allí, porque cuando empiezas a necesitarlos, cuando empezamos a depender, empezamos a depositar esperanza en ellos, cuando em-piezas a tratar de controlarlo todo, a manipular para que se queden contigo; eso te producirá mucho sufrimiento y desamor. **Y solo cuan-do aprendas que la principal relación es contigo misma y en la medida que tú te abres, y que tú te AMES a ti misma; todas tus relaciones te van a reflejar AMOR. AHÍ ES CUANDO TE SANAS.**

¿Y cómo aprendemos a amarnos a nosotros mismos?

Lo primero es tu autoconocimiento. Si no sabes quién eres ¿Cómo va a latir tu corazón? Si no sabes qué cosas te hacen vibrar, ni qué cosas te hacen disfrutar; porque llevas toda la vida OPRIMIENDO

TUS NECESIDADES, tratando de agradar, sacrificándote impulsiva y exclusivamente por y para los demás.

> **Cuando te permites lo que te mereces, atraes lo que necesitas.**

Fue lo que nos contaron para alcanzar la felicidad y a veces llegamos a una edad, y es que ¡no sabemos quién somos!

y que importante es parar, y preguntaros:

¿Quién SOY?

¿Qué es lo que me gusta?

¿Con qué color quiero dibujar mi vida?

¿En qué tipo de MARIPOSA me quiero convertir?

¿Qué es lo que me hace feliz, y hace que me expanda y vibre de amor?

Y cuando te conozcas, cuando te respetes, y pongas tus necesidades en primer lugar, cuando sientes **AMOR** y te sientes **DESBORDANTE**; Entonces es cuando puedes empezar a **DAR**, pero para eso es muy importante que dejes de **SACRIFICARTE impulsivamente**.

> Escríbele una carta a tu niña interior.
>
> Te dejo aquí la mía, y espero que te sirva de inspiración.

Querida niña interior.

Llevaba años protegiéndote de los demás, pero se me olvidó que el ejercicio es al revés, **¡que te tenía que proteger de mí misma!**

Te asfixie de tal manera que por poco me abandonas para siempre.

Me siento avergonzada de como fui tan ignorante. Te abandoné, y me enfoqué en lo externo, sin tener conciencia de que tú eres todo lo que necesitaba.

Me has llamado la atención de todas las formas, pero mi ignorancia era tan grande que desconocía como captar tus mensajes.

Te pido perdón por todo lo que has pasado, te pido perdón y me comprometo a estar siempre a tu lado y **ESCUCHARTE** en todo momento. Y como símbolo de mi admiración, de que hoy en adelante te bautizaré con el nombre **MI MARIPOSA INTERIOR.**

Gracias por permanecer tan fuerte, y por mucho que he intentado anularte inconscientemente, ahí **SEGUÍAS TU LUCHANDO POR SEGUIR VIVA.**

TE ADMIRO y tu fuerza me inspira a seguir volando sin parar. **ME SIENTO LLENA DE TI**. Me das seguridad. Y te doy las gracias por todo lo que hiciste para seguir adelante.

Tú has llevado esa carga, y todavía lo sigues haciendo. Has cargado con mi ansiedad, aislamiento, estrés, preocupaciones constantes…y aun así, sigues con ganas de volar, con las mismas ganas de luchar que al principio, con tu punto de vista inocente y alegre.

No me explico en cómo pude pensar que la felicidad estaba fuera, y tú eres todo lo que he necesitado en todo momento.

TE AMO MI MARIPOSA INTERIOR.

GRACIAS, GRACIAS, GRACIAS

UN ENCUENTRO PODEROSO.

Hace unas cuantas semanas di una charla a unos niños alrededor de unos 11-12 años, y me sorprendió mucho una pregunta que me hizo una niña que no la olvidaré jamás.

La maestra de ellos es una muy buena amiga mía, se llama Aurora, que la conocí en un viaje de vuelta a Almería desde Madrid.

volviendo con mi amiga Ana Belén desde Madrid conocí a Aurora.

A simple vista no sentí intriga por conocerla, ya que estaba muy cansada de estar tantos días sin dormir, estudiando sin parar.

—Yo me llamo Fátima, encantada —me presenté a ella.

—Y yo Aurora, encantada —me respondió muy sonriente.

Ahí me entraron ganas de socializar con ella, el viaje duró casi 6 horas y hablamos las dos sin parar de mi cultura y sus creencias limitantes, y nos quedaron más cosas pendientes de que hablar, como, por ejemplo, preparar una charla para sus alumnos.

Yo no sabía que iba a escribir este libro que tienes en tus manos en aquel entonces; pero estaba dispuesta a hablarles a esos niños de mi experiencia personal y así hacerles ver que nada es imposible, aunque se nos presenten adversidades.

Llega el día…

Súper nerviosa fui a ese colegio, preparé por escrito las cosas de las cuales quería hablar. Cuando llegué al colegio y ví la situación se esfumó de mi cabeza el esquema preparado, me quedé en blanco.

—Aurora me he quedado en blanco, no sé de qué voy a hablar —le conté muerta de vergüenza.

—Tranquila, los niños son encantadores, lo único que tienes que hacer es respirar y déjate fluir con ellos.

—Puuf, madre mía.

Me senté en una de las sillas, e hicimos un círculo para conocernos mejor.

Me dieron la bienvenida y se presentaron uno a uno, y me presenté yo también, y de pronto veo los niños que me miraban tan fijamente que en vez de agobiarme, ME RELAJÉ.

Les conté como fue mi vida y como pude progresar a pesar de todos los conflictos desde muy pequeña, y muchos niños lloraron porque se me saltaron las lágrimas cuando llegue a la parte de que me había quedado inválida, no quería dar otros detalles como los que te he dado a ti, porque son niños todavía y no les quise asustar.

Después de terminar, entre varias preguntas, una de las niñas salta y me pregunta:

—Fátima, ¿QUÉ SE HACE PARA SER TAN FUERTE COMO TÚ?

¿Cómo una niña de 11 años me puede hacer esa pregunta? me pregunté yo.

¿En qué situación estaría para mirarme a los ojos conteniéndose las lágrimas y me pregunta eso?

Esa pregunta me tocó tanto que se me saltaron las lágrimas después de responder:

—no hice gran cosa, pero siempre me he negado a mí misma porque me daba miedo ser yo misma, y cuando logré quitarme ese miedo y ver las cosas con otros ojos, DESCUBRÍ LO FUERTE QUE SOY, Y TODOS VOSOTROS LOS SOIS, tú, y tú y todos vosotros sois igual de fuertes que yo - dije emocionada y muy convencida - vosotros tenéis toda la vida por delante, así que no permitáis que os pasen tantos años perdidos como yo.

Salí de esa clase liberada, emocionada, y con ganas de escribir mi libro **YO SOY MARIPOSA** y de dar todas las charlas que hagan falta para poder ayudar a todos los que me necesiten.

Los niños se quedaron encantados por haberme conocido, y la profesora me mandó un mensaje en el que decía:

"Muchas gracias Fátima por esa charla tan mágica, suelo tener todas las semanas personas en mi clase para inspirar a mis niños, pero la que diste tú no se les olvidará jamás, de hecho, no paran de hablar de ti, cosa que no es tan habitual en ellos.

Te estaré eternamente agradecida por tu sinceridad y naturalidad. Estoy segura que vas a ayudar a muchísima gente, y mis niños cada vez están más despiertos gracias a tu reflexión.

Un abrazo".

Pero ellos ni se imaginan lo mucho que me ayudaron a mí, y darme cuenta de que a través de ellos gané muchas cosas.

Millones de gracias chicos por todo lo que me habéis aportado, y ojalá pueda volver a veros en más ocasiones, y sin ti Aurora no sería posible, gracias por ser como eres, ojalá todos los profesores fueran igual de implicados que tú. GRACIAS.

La fragilidad del ser humano aparece en los momentos más duros, indestructibles. Notamos esa tormenta huracanada en nuestro pecho, justo donde la oscuridad y la claridad se unen en un sólo lugar: el corazón. El poder del alma y la fragilidad del cuerpo. Una batalla sin respuesta, una noche loca con tu consciencia. Tú y tu mente. Tú y tus circunstancias.

La fuerza del corazón es mayor que los muros que lo ocultan. Sólo falta apretar tus manos y destruirlos. Sabiduría en el cuerpo y fuerza en tu mente, de eso trata ser una guerrera. De eso trata la valentía.

María Dolores Corral Ruiz

@pensandoagritos

SEGUNDO PASO

TU LIBERACIÓN

ॐ

EL PERDÓN Y SUS BENIFICIOS.

> **"SIN PERDÓN NO HAY PARAÍSO"**

Antes de llegar a perdonar por desconocimiento caemos en varias etapas que no nos dejan avanzar.

Y esas etapas son:

CULPAR A OTROS.

Confieso que me costó muchísimo lograr perdonar lo externo; familia, sociedad, cultura, etc. Pero tardé mucho porque realmente no lograba perdonarme a mí misma porque ME SENTÍA DE ALGUNA U OTRA MANERA CULPABLE.

Sólo rondaba en mi cabeza y en mi corazón, ira, odio, resentimiento, y dolor; creía que sentir eso era lo correcto. Que mis padres se merecen todo el odio posible porque nunca me dejaron tener ni voz ni voto, y que sólo me maltrataban y humillaban cuando podían y mi cabeza sólo me repetía que no les perdonase jamás.

Les culpaba en todo lo que me pasaba, TODO.

TE CULPAS.

¡Lo sé, sé que a veces te sientes culpable por sentir que puedes llegar a ser libre!

Tu cabeza no para de repetirte lo mal que lo estás haciendo, lo sé.

A veces sientes que no te mereces estar feliz, porque te sientes culpable, porque mientras tú podrías estar feliz; tu familia, pareja, etc. van a estar infelices por tu culpa.

Te entiendo perfectamente, porque yo también estaba como **TÚ; IGUAL DE CIEGA**.

Yo también no me sentía digna de amor y menos de sentirme **LIBRE**, hasta que comprendí que lo primero que debo hacer es **PERDONARME A MÍ MISMA** y después perdonar a los demás; y así gozar de la libertad que me merezco, y se merecen ellos también por supuesto.

Pensaba que al alejarme de ellos iba a lograr desconectar y por fin SER YO MISMA. Pero me di cuenta de que huir no es la solución definitiva para recuperarme completamente.

Para yo gozar de esa vida plena que yo soñaba **tenía que empezar por EL PERDÓN, Y SOBRE TODO PERDONARME A MÍ MISMA**.

Cuando te permites florecer, no tienes miedo a que se te vea **BRILLAR**, recuerda que tu esencia es divina, y recuérdalo en todo momento a partir de hoy. **PROMÉTETELO**.

Eres inmensa, eres grande, eres digna de amor, y no necesitas a nadie para ser feliz.

Tu perdón es capaz de modificar totalmente la estructura de Toda tu vida, tus emociones y de tus pensamientos, tanto para ti misma como para los que te rodean. Es un bálsamo real y auténtico que crea las condiciones para un acercamiento positivo a tu vida y te permite un alto nivel de salud y bienestar.

El perdón equilibra tu cuerpo, tu mente y todo tu ser, permitiéndote reconquistar la confianza en ti misma y restablecer las relaciones interrumpidas. **Es un recorrido de autoconciencia que transforma el dolor en amor**.

Perdona a todos y perdónate a ti misma, no hay liberación más grande que el perdón; no hay nada mejor como vivir sin resentimiento. **Nada peor para tu cabeza, y por lo tanto para tu cuerpo, que el miedo, la culpa, el resentimiento y la crítica (agotadora y vana tarea), que te hace juez y cómplice de lo que te disgusta. No te beneficia en absoluto**. Agotadora tarea que te consume, y te sumerge en el resentimiento contante y te impide llegar al principio fundamental del bienestar: "REVOLUCIONARTE Y DEDICARTE A VIVIR LA VIDA EN TODA SU PLENETUD".

Porque el PERDÓN es la llave de todas las puertas. ÁMATE a ti misma y acéptate tal y como eres. Todos tenemos momentos de luces y sombras. Cuando dejas de CULPARTE por todo, aceptes tal y como eres y también al prójimo, entonces te liberarás de culpas.

En proceso del perdón, te das cuenta de que debes resetearte desde cero. Y la mentalidad sigue siendo de gran importancia, pero el corazón juega un gran papel.

> *Si sufres es por ti, si te sientes feliz es por ti, si te sientes dichoso es por ti. Nadie más es responsable de cómo te sientes, sólo tú y nadie más que tú. Tú eres el infierno y el cielo también.*
>
> *Osho.*

CREER PARA CREAR.

Deja de apuntar en la lista de las quejas y empieza a poner foco en TI.

Escúchate, haz lo que te apetezca, y **no lo hagas porque es lo que se espera de ti**, sino porque es lo que **te nace a un nivel profundo**, no desde el miedo, no desde la necesidad, no desde "si no lo hago se van a ir y me van a dejar sola". ¡NO!

TÚ SABES POSAR SOBRE LAS ROSAS SOLA; y como sabes bailar sola no te vas a apegar o aferrarte a nadie, porque los necesites en tu vida. ¡NO!

Lo tienes que hacer porque **TE AMAS**, y porque cuando vuelas sola, eso se convierte en un bello desfile, **EN TU DESFILE.**

Tú no necesitas a nadie para volar, y si hay alguien, pues perfecto, disfrútalo, pero no necesitas que esté nadie para seguir volando, porque **eres tan autosuficiente que sabes disfrutar sola también.**

> Puedes escalar todas las alturas del mundo, explorar los lugares más remotos y hasta sumergirte en los mares más profundos, pero **mientras no te explores a ti misma, mientras no te descubras y no escales hasta tu ser…Seguirás siempre en el mismo lugar.**

SIENTE TU VALOR.

Eres mucho más grande y mucho más poderosa de lo que te crees ser. Recuerda que **TU CORAZÓN LO SABE**. Y si no estás creciendo es porque no quieres ver más allá de tu realidad. Permítete despertar esa niña que tienes en tu interior, que grita **¡RESCATE! ¡RESCÁTALA!**

Como te contaba en los capítulos anteriores yo quería encajar con todo Dios (no sé en qué estaba pensando) hasta que comprendí que el **ejercicio es al revés, TOTALMENTE**.

Comprendí que no debería esperar nada de nadie, que de la única persona de quien debía esperar era de **MÍ MISMA**.

Y a la que tenía que reconocer en primera estancia es **A MI MISMA**, y solo cuando empecé a escucharme, a entenderme, **A SENTIRME**, y a darme mi lugar, a valorarme cómo de verdad me merezco, y vigilar mi diálogo interno, es allí cuando me conecté con la libertad. **MI LIBERTAD**.

Porque si sigues pensando mal de ti misma te maltratas por dentro, te culpas…El universo te va a seguir poniendo espejitos (personas) en tu vida, dejándote con ese diálogo que tienes hacia ti misma tan destructivo.

Y tú no quieres vivir eso, ¿verdad?

¿Acaso quieres seguir cruzándote con personas que te sigan maltratando y que te humillen?

Pues mientras sigas maltratándote a ti misma por dentro, el universo te va a seguir mandando lo mismo hasta que te DESPIERTES.

Dice un curso de milagros: "Pide y se te dará"

Es esencial que te hables con AMOR, ÁMATE, te lo MERECES.

> "Nos hemos desconectado de nuestro poder".

DEJA DE BUSCAR FUERA, CONÉCTATE CON TU PODER.

No sigas buscando a alguien que te haga feliz, NADIE VA A SAL-VARTE, porque si esperas algo así, ESTARÁS RETRASANDO TU FELICIDAD.

Sin ir más lejos, acuérdate que yo tengo otro Máster en buscar personas y personajes pensando que ellos me iban a dar esa felicidad que me merezco. Y estaba muy pero que muy equivocada.

Recuerda que eres hija del Universo/Dios, y eres PODEROSA en la medida que CREAS TU GRANDEZA, cuando crees en eso, MANI-FESTARÁS MAGIA.

Si a alguien no le gusta, si alguien no lo aprueba; no es tu problema. Cada uno que afronte su crecimiento personal a su antojo.

Tú céntrate en tu sanación y que cada uno se sane a su manera; ahora te tienes que centrar en tu sanación completa, y no hay tiempo para distracciones. Bastante has perdido ya…NO PIERDAS MÁS TIEMPO.

Tu vida es tu tuya, y de nadie más. Eres la dueña de tus decisiones, y tú haces con ella lo que creas conveniente. Siempre y cuando no estés dañando a otro ser. Porque dañar a los demás es dañarte a ti misma. Recuerda que, RECIBES LO QUE DAS.

Y no esperes que nadie lo apruebe o lo desapruebe, o que lo acepte, porque la **única persona que lo tiene que aceptar eres tú misma**.

> *"¿Quieres ser feliz por un instante? Véngate;*
>
> *¿Quiere ser feliz para siempre? PERDONA".*
>
> **Anónimo**

Cuando nos hacen daño, la reacción inmediata y lógica es ir contra de quien nos lo hizo, pero esta reacción lógica y natural tiene sus consecuencias. A corto plazo, tratas de impedir que el daño continúe, pero si la acción sigue por mucho tiempo, te puedes ver reflejada en la siguiente metáfora:

Cuando alguien te hace daño es como si te mordiera una serpiente.

Las hay que tienen la boca grande y hacen heridas inmensas. Una vez que te ha dejado de morder, curar una mordedura así puede ser largo y difícil; pero cualquier herida se cierra finalmente. Pero el problema es mucho peor si la serpiente es venenosa y que, aunque se ha ido, te deja un veneno dentro que impide que la herida se cierre. Los venenos más comunes son el de la VENGANZA, el del ojo por ojo y el de buscar justicia y reparación por encima de todo. El veneno puede estar actuando durante muchos años y, por eso, la herida no se cierra, el dolor no cesa durante todo ese tiempo y tu vida pierde alegría, fuerza y energía.

Cada vez que piensas en la venganza, o la injusticia que te han hecho, la herida se abre y duele, porque recuerdas el daño que te han hecho y el recuerdo del sufrimiento te lleva a sentirlo de nuevo.

Sacar el veneno de tu cuerpo implica dejar de querer **vengarse**; en resumen, dejar de hacer conductas destructivas hacia quien te mordió.

Como te decía, solamente pensando en la venganza, el veneno se pone en marcha. Por eso, si quieres que la herida se cure, has de dejar los pensamientos voluntarios de venganza hacía quien te hizo daño.

Indudablemente tendrás que procurar que la serpiente no te vuelva a morder; pero para eso no tendrás que matarla, basta con evitarla o aprender a defenderte de ella o asegurarte de que lo que ha ocurrido ha sido una acción excepcional que no se repita.

Cómo mencioné en mi primera entrevista, mis familias han tenido que respetar lo que hay. Ya vieron que seguir insistiendo no iba a lograr cambiarme, ni con palizas, ni cuando me dijeron que quedarme inválida era castigo de Dios por ser como soy, así que no les queda otra que aceptar (aunque sea a medias) lo que hay.

Y no hace falta vengarme de lo que me hicieron todos esos años, realmente si lo hago sería retroceder hacia atrás, no hacia delante.

Y pensar que haciendo eso voy a liberarme, estaría loca. Así que les perdoné y los amo incondicionalmente.

El proceso de perdón no implica el abandono de la búsqueda de la justicia ni de dejar de defender tus derechos, solamente se trata de **no buscar en ello un desahogo emocional**, que implique que la búsqueda de la justicia se convierta en el centro de tus acciones y que dificulte tu avance en otros aspectos como de tus intereses, objetivos y valores.

Aprender a perdonar.

Aprender a perdonar no es una cuestión sencilla, ni un simple acto en la vida de cada persona.

Perdonar es un proceso que requiere:

Valor,

Autoestima alta,

Amor

Y compresión.

Cuando una persona perdona a quien le ha hecho daño, se libera de la opresión y del rencor, que lo único que hace es restarte energía, y darte más dolor. **La persona a la que le niegas tu perdón no es más infeliz, ni sufre más porque tu no quieras perdonarle, todo lo contrario, el que más sufre por ello eres tú, ya que vives con una enorme carga emocional que pesa y no te deja disfrutar de una vida llena de amor y bendición**.

Si no trae alegría a tu vida, SUELTA.

Si no te ilumina ni construye, SUELTA.

Si permanece, pero no te deja crecer, SUELTA.

Si son más los desencuentros que encuentros, SUELTA.

Si no acaricia tu ser, SUELTA.

Si dice, pero no hace, SUELTA.

Si intenta cambiarte y no cambia, SUELTA.

Si no suma tu vida, SUELTA.

SUELTALO, Y DÉJALO IR.

Decídete a perdonar. Porque cada vez que logras perdonar a alguien consigues hacerte bien a ti misma PRIMERO.

> *Del mismo modo aquél que hiere se hiere a sí mismo,*
> *aquel que cura se cura a sí mismo.*
>
> *C.G.Jung*

Es decisión tuya PERDONAR o no, y si no lo quieres hacer se respeta, ES TU DERECHO.

Pero, yo he escrito este libro que tienes entre tus manos para que puedas TRANSFORMARTE y aprovecharte de todo el contenido que te estoy dejando para ayudarte a vencer todas esas barreras que llevas años soportando.

Entiendo que te duela tanto que no logras calmar esa ira que llevas enterrada tanto tiempo dentro de ti. Te prometo que te siento perfectamente, y acuérdate que yo pasé por cosas que no te puedes imaginar cuanto me han dolido, y no sólo psicológicamente, sino también brutalmente maltratada en todos los aspectos, casi me matan a palos, estaba muerta en vida.

Pero **me di cuenta de que aquí la única que sigue perdiendo soy yo**.

Así que por primera vez logré ver más allá de todo ese empeño de seguir bajo la sombra; el de irritarme nada más verlos, y mi garganta formaba un gran nudo.

Y me pregunté:

¿Hasta cuándo voy a seguir huyendo de mí misma?

¿Hasta cuándo voy a permitir que mi vida sea un cero a la izquierda?

Y cada vez que me ponía a procesar el pasado y practicar ese bendito perdón, volvía a caer. Y créeme, una caída tras otra pasa factura, hasta el punto de querer abandonar…. Por tal de seguir permitiendo a mi ego el gozo de ser cada vez más dominante.

¿Pero qué crees que estaba haciendo?

ODIARME, sentirme víctima, y estar todo el tiempo buscando culpables, no más. BASTA DE IGNORANCIA YA. Así sólo retrasas tu evolución. Así que deja de buscar culpables y actúa de una vez.

Finalmente, te enfermas, te debilitas, te machacas hasta el punto de quedarte inválida como fui yo; **¿quieres eso para despertarte?**

¿Quieres seguir enferma emocionalmente?

¿O te crees que tus pastillas de la depresión te van a curar?

Te estoy ahorrando ese mal estar, quiero que abras los ojos y ver más allá que el odio o la pena hacia esa persona/s. Porque eso no te ayuda, TE ENFERMA.

"Siente como que nada es lo mismo cuando cuentas con la Sabiduría de tu CORAZÓN"

No fue un camino fácil para ti, hay resistencias, y sigues tropezando.

Llevas tantos años siendo lo que no eres hasta el punto de que te cuestionas tu propia vida...Pero eres más fuerte que todo eso y seguir con la cabeza hacia arriba.

El siguiente capítulo te va poner **ENFRENTE DEL ESPEJO**.

¿QUIÉN ERES?

TE has olvidado de tu ESENCIA, de tu SER; y hay que darle voz a ESA MARIPOSA QUE LLEVAS EN TU INTERIOR y que está profundamente olvidada, esa MARIPOSA que se siente herida, y que necesita ser sanada, sanada por TI.

Muchas veces nuestra mente nos empuja a responsabilizar a los demás creyendo que no nos podemos poner de pie sin su compasión. Cada uno se tiene que responsabilizar de sí mismo.

Te voy a dejar una ejemplo:

Igual que tú te tienes que hacer responsable cuando te enfermas, y ponerte bien, porque si no lo haces tú, ¿quién lo hará? nadie, ¿VERDAD?

Pues eso se aplica en todo. Nadie te podrá sanar si no te implicas tú en ello.

El universo te empuja a que hagas lo que has venido a hacer en esta vida; a cumplir tu propósito de vida, y para eso estas.

La vida te empuja a que recuerdes cuál es tu misión.

Viví una experiencia transformadora, que hizo cambiar mi vida por completo. Y partiendo de la base de TOMAR CONCIENCIA, yo no confiaba en mí, y como no confiaba en mí, siempre intentaba adaptarme a alguien, familia, pareja, amigos, trabajo, cultura, etc. lo que equivale a no ser yo.

Me esforcé para conseguir las aprobaciones de los demás, luché, lo intenté…y cuando lo conseguí… **no encontré a nadie allí.**

Me había convertido en un personaje que no sabía quién era.

Me esforcé en adaptarme en lo que hay ahí fuera. No era consciente de que no me quería. No reaccionaba, me sentía vacía, sentía tristeza.

En lugar de buscar fuera, busca dentro de ti.

Al vibrar en el miedo, actúas buscando la recompensa de que ellos te quieran y sentirte reconocida. **TE ESTÁS NEGANDO A TI MISMA.**

Te sigues viendo pequeña, te ves como a alguien que no puede. Y sientes que todos son más que tú. Que sin ellos no eres nadie.

Amiga mía tienes que empezar a **SANARTE**. Tu **LIBERACIÓN** está a la vuelta de la esquina.

¿No te estás dando cuenta de qué es lo que estás eligiendo crear?

Si conectas con ese sentimiento **(MEDIO-CRE)**, estas atrayendo todo el tiempo sólo eso. **Reconecta con esas cosas que te hacen subir tu vibración. Todo lo que te hace feliz te sube la vibración. TU VIBRACIÓN.**

Las crisis vitales a las que te resistes, en el fondo llevan implícita la semilla de un enorme éxito. Que te ayudan a recordar tu naturaleza divina, recordar realmente quien eres, despertar y empezar a vivir una vida desde el amor, despertando esa maravillosa MARIPOSA que llevas dentro.

Esa lindísima MARIPOSA que no para de posarse en distintas flores, volando, volar sin parar.

Porque volar es vivir, y vivir la vida en toda su plenitud es lo que se merece todo ser humano. Eres digna de amor, digna de respeto. No lo olvides.

¿Hasta cuando quieres seguir **APLAZANDO** todo lo que te mereces?

¿Hasta cuándo crees que va a ser el momento **PERFECTO**?

¿LO SIGUES DUDANDO?

Cuando se vive la vida en toda su plenitud, te rodeas de personas bellas, porque tú **eres bella por dentro y por fuera**, así es cuando puedes decir que **VIVES, Y NO SOBREVIVES**.

Nos desconectamos del SENTIR para poder sobrevivir, y eso lo venimos haciendo desde que tenemos uso de razón, hacemos cosas compulsivamente para que nos quieran. **Te estás negando a ti misma, porque tienes miedo de ser quien eres**, amiga mía, te entiendo perfectamente.

Y empiezas a negociar ¿Él, Ella, Ellos o TÚ?

Sé lo que es que te llegue el momento de decidir y no saber si optar por ti o por ellos. Y te preguntas **¿ELLOS O YO?** Y eso entristece muchísimo, porque sabes que no es justo tener solo una cosa u otra.

¿Por qué? Me preguntaba yo también.

¿Por qué no puedo tener las dos cosas?

¿Acaso no me merezco tener ambas cosas?

SSHHH, busca dentro de ti y descubrirás que **ERES TAN GRANDE** que no necesitas tener que elegir entre las dos opciones. Si te quieres de verdad, no tendrás **HUECO** para estar triste; porque al sentir que eres merecedora de **AMOR**, te rodeas sólo de eso, de **AMOR**.

SÓLO HAY QUE SER PARA TENER AQUELLO QUE DESEAS, porque te das cuenta de que te sacrificabas desde el **MIEDO** para que te quieran. Cuando TE **CONECTAS** con el **AMOR PROPIO**, te respetas a ti primero. Te valoras, te aceptas, y haces cosas desde el DISFRUTE, desde el GOZO; TODO EMPIEZA A FLUIR, YA NO TE LLEVAS DECEPCIONES, PORQUE TE PERMITES SER.

No tienes que ganar el AMOR de los demás, porque ya eres AMOR, haciendo las cosas desde el QUIERO, no desde el DEBO.

> "No soy lo que me ha pasado. Soy lo que decido SER".
>
> Carl Jung

Vigila tu diálogo INTERNO, ¿cómo te hablas a ti misma?

Yo no me daba cuenta, pero, inconscientemente no me AMABA, me odiaba, me AUTOSABOTEABA, porque inconscientemente no me sentía DIGNA DE AMOR. Al ver que mi familia me rechazaba inconscientemente me hacía sentir "BASURA". O, mejor dicho, **permitía sentirme cómo tal**.

Pero, querida, no es así como son las cosas. Son como tu mente las crea. Si te sientes BASURA por dentro, eso es lo que atraes a tu vida y es lo que transmites al mundo entero. Y por mucho que no te lo quieras creer, toma conciencia y fíjate de que estas rodeada, y ahí tendrás la respuesta.

No creas nada, **EXPERIMÉNTALO**. Permítete descubrirlo por ti misma.

Mímate, háblate con mimo, háblate con cariño, no te lances mensajes destructivos, no te compares, porque él que te hace compararte es el ego.

Se trata de que te **ACEPTES. NO CAIGAS EN EL JUEGO DE BUSCAR FUERA**. Ahora que sabes la realidad, no caigas más en sus juegos de victimismo. **VALÓRATE**.

No sigas perdida en este JUEGO queriendo ser un PERSONAJE. La única búsqueda que tienes que empezar, pero ya, es empezar a buscar **DENTRO DE TI**.

No sé cómo te sientes ahora mismo.

No sé si ya estás tomando acción, o sigues pensando cómo solucionarlo.

Me encantaría saber de ti, y sabes que estás haciendo para ayudarte a mejorar, más y más y más.

Mi propósito ahora es ayudarte a despertar, y despegar hacia arriba, disfrutar y no perder más tiempo.

Por eso **te regalo una primera sesión de mentoría privada**.

Para escucharte, ayudarte, hacerte ver cosas que no logras ver todavía.

Me sentiré verdaderamente feliz, de saber que puedo ayudarte a transformar tu vida. Porque yo en su momento busqué ayuda. Pero ten en cuenta que no es lo mismo ser atendienda por un "EXPERTO" en conocimientos, a que **me atienda una persona que haya pasado por lo mismo que yo**, y que haya superado sus obstáculos aplicando esos conocimientos.

Realmente cuando conectas con alguien cómo tú, la evolución es mucho más grande y rápida.

ACUÉRDATE QUE TU ERES UNA MARIPOSA QUE SÓLO NE-CESITA UN PEQUEÑO EMPUJÓN PARA DEJAR SU ORUGA Y TRANSFORMASE EN LO QUE ES, **MARIPOSA**.

Mándame un email a: info@fatimasaoud.com para más información.

DOMINIO Y AUTORIDAD.

"No tengas miedo a SER de alguna manera. **¡OPTA POR TI!**"

Ibas en una dirección y ni siquiera sabías hacia dónde te lleva. Te encuentras en un sitio que no quieres estar. Nadie te había enseñado a **EXPRESAR TU SER**… es normal, que te cueste **RESETEARTE** de nuevo tú sola.

La necesidad del **RESETEO** es una alerta que nos avisa de que **ALGO NO FUNCIONA** porque no nos sentimos **SATISFECHOS**, nos sentimos **VACÍOS** con nuestra cotidianidad. Es entonces **CUANDO DESEAMOS TRANSFORMARNOS**; con una nueva vida, una nueva casa, otra pareja, o sin pareja…. Creas una película mental en la que te convences de que, si tuvieras esto o aquello, todo iría mejor y piensas:" si hubieras escogido otro camino, ahora estarías feliz".

¿Cuántas veces has pensado que no perteneces a la realidad en la que vives? ¿Qué en verdad mereces otra cosa?

La necesidad de Resetearte. Esta necesidad, te advierte de una muerte en vida; del fin de una etapa, de un ciclo o de procesos y proyectos que llevamos a **CUESTAS**. Esta necesidad **NOS PREPARA PARA SER, Y PARA EL FIN DEL NO-SER**.

Tener la oportunidad de volver a SER de nuevo. La necesidad de Resetearte es una alerta que se dispara en momentos clave de tu vida.

La increíble capacidad de superación del ser humano radica en la fortaleza para levantarse cuando se ha caído, pensando que **LA**

CAÍDA SIMPLEMENTE FORMA PARTE DE SU CAMINO y que, sin lugar a duda, es **UNA OPORTUNIDAD** para **RENACER** de sus cenizas cada día, como la transformación de una **BELLA Y FUERTE MARIPOSA... Y ¡EN TUS MANOS ESTÁ! No es lo mismo larga vida, que UNA GRAN VIDA**.

Un gran símbolo de la literatura árabe que también simboliza a la mariposa Es EL AVE FÉNIX.

EL AVE FÉNIX:

El ave Fénix es un ave majestuoso muy famosa por su renacimiento a través de sus cenizas. Alimentó varias doctrinas y concepciones religiosas de supervivencia en el Más allá, pues el ave Fénix muere para renacer con toda su gloria. Según el mito, poseía varios dones extraños, como la virtud de que sus lágrimas fueran curativas, una fuerza sobrenatural, control sobre el fuego y gran resistencia física. El Fénix ha sido un símbolo del renacimiento físico y espiritual, del poder del fuego, de la purificación, y la inmortalidad. Esta es la única de su especie, vive quinientos años; y **cuando ha alcanzado la hora de su disolución y ha de morir, se hace un ataúd de incienso y mirra y otras especias, en el cual entra en la plenitud de su tiempo, y muere. Pero cuando la carne se descompone, es engendrada cierta larva, que se nutre de la humedad de la criatura muerta y le salen alas**. Entonces, cuando ha crecido bastante, esta larva toma consigo el ataúd en que se hallan los huesos de su progenitor, y los lleva desde el país de Arabia a Egipto, a un lugar llamado la Ciudad del Sol; y en pleno día, y a la vista de todos, volando hasta el altar del Sol, los deposita allí; y una vez hecho esto, emprende el regreso.

Y tú, ¿Eres como el ave Fénix?

Céntrate en tus argumentos positivos. No pongas excusas. Y te lo digo yo que he llevado toda una vida poniendo por medio **Excusas = Palos** y luego piensas que no tienes suerte… **¡LAS EXCUSAS TE LIMITAN!**

LOS ARGUMENTOS PERMITEN HACER Y TE TRANSFORMAN EN TU MEJOR VERSIÓN.

Escoge el camino y lánzate hacia él con todas tus fuerzas.

Tú escoges desde donde comienza el camino de tu vida. Es así de fácil; Ahora sólo tienes que ir a recuperarlo desde la **fe, esperanza, desde la ilusión, desde el deseo, la pasión. Pero sobre todo desde la CONSTANCIA**.

¡Esto es sentirse viva! ¡Esto es vida!

¡Te lo mereces, y lo sabes!

¡Siéntete viva! ¡Vamos!

El poder está en el presente, una decide un **cambio ahora mismo, en este mismo instante, nunca mañana. Lo contrario es aplazar tus sueños una y otra vez**.

> **Un deseo no cambia nada. Una decisión lo cambia todo.**

¿Realmente tienes ganas de optar por el ahora, justo en este instante en el que lees estas líneas?

¿Puedes?

¿Quieres?

> Apunta en una hoja lo que quieres ahora para **EL GRAN CAM-BIO DE TU VIDA**, y guárdala con el primer papel que te pedí en el primer capítulo.

Vamos a por ello, en las próximas páginas te voy a contar como logré expresar lo que soy.

Eres grande, créetelo. Te amo ♥

¿DÓNDE ESTÁ LA GLORÍA?

No es fácil descubrir que toda tu vida ha sido una mentira. No es fácil descubrir que después de todos tus sacrificios no hay gloria; porque realmente no lo hacías desde el amor, lo hacías desde el miedo esperando algo a cambio. **Porque el universo no te da lo que pides, te da lo que vibras**.

"Todo lo que somos es el resultado de lo que hemos pensado. Si un hombre habla o actúa con astucia, le sigue el dolor.

Si lo hace con un pensamiento puro, la felicidad lo sigue como una sombra que nunca lo abandona"

TU SANACIÓN:

Como te decía…El perdón es el eje central de una sanación de verdad, es la llave magistral de todas las puertas de sanación de una persona. De hecho, si tenemos en cuenta las enseñanzas que nos hacen reencontrarnos con nuestra naturaleza divina, con lo que realmente somos, que nos ayudan a desprogramarnos de nuestro sistema tóxico de pensamientos y creencias limitantes que no nos permiten conectarnos con los seres maravillosos que verdaderamente somos, como son el de Un Curso de Milagros y el Ho´oponopono métodos de sanación antiguos para nuestra liberación, el eje central de estos caminos mágicos, es el PERDÓN; su eje central es el PERDÓN de hecho, si pensamos en caminos espirituales como las religiones musulmanas, cristianas, judías, budismo, hacen mucho énfasis en el perdón. Porque Todo el Universo es mental, todo tu sistema de creencias, todo lo que ves lo estás emitiendo tú como emisora, lo estás proyectando en este programa que llamamos realidad o Matrix.

El enemigo externo que ves es un reflejo tuyo de tu enemigo interno. Porque en realidad no existe un enemigo fuera de ti que no esté dentro de ti, en tu SUBCONSCIENTE.

En tu sistema de creencias, en tu paradigma vibracional; nada ni nadie puede entrar a tu campo vibracional si no existe una "brecha" vibracional en ti que genere eso; es decir cualquier oscuridad que estamos viendo fuera de nosotros, SOMOS NOSOTROS, TODO ES TU MENTE.

Tomar consciencia es asumir la total responsabilidad de nuestra vida, asumir que siempre eres tú haciéndotelo a ti misma, asumir que el otro no existe, asumir todo eso es recuperar tu poder. La responsabilidad al 100% de todas esas experiencias, ese es el verdadero trabajo espiritual, y es el único trabajo espiritual.

Y es normal que lo veamos cómo algo difícil porque es un trabajo que te sobrecoge.

Te sacan de tu centro, te hacen sentir mal; Tú no puedes asumir que eres tú, que te estás haciendo daño a través de otro/ otros, por eso nos enganchamos culpando al otro, culpamos a otros de lo que nos pasa; por eso vemos gente fuera que nos cae mal, vemos gente que rechazamos, vemos gente que nos hacen cosas feas; pero en realidad NO EXISTE UNA SEPARACIÓN ENTRE NOSOTROS, somos nosotros mismos haciéndonos daño a través de esas personas.

Vemos que tenemos experiencias y personas que pensamos que son malas y que pasan por nuestra vida, en el fondo nos están dando oportunidades para sanarnos, son útiles, muy útiles porque, digamos que ellos nos ponen en el campo de prueba en el que podemos ver dónde hay creencias en mi campo vibracional, donde emito que todavía hay oscuridad en mí, que hace que yo pueda sanar y pueda transcenderla.

Si no fuera que apareciesen en nuestras vidas esas personas que nos llevan al límite, "que nos sacan de nuestras casillas", que nos retan, que nos sacuden, que nos mueven, nosotros no podríamos avanzar.

Necesitamos personas en el teatro de nuestra vida y nuestra obra, que nos reten, que nos manipulen. Pero nosotros no queremos vivir para poder transcenderlas sino para poder sanarnos.

Mirada de cerca, la mirada parece una tragedia. Vista de lejos, parece una comedia. Nunca te olvides de sonreír, porque el día en el que no sonrías será un día perdido. La vida es una obra de teatro que no permite ensayos. Por eso, canta, ríe, baila, llora y vive cada momento, antes de que baje el telón y la obra termine sin aplausos.

Charles Chaplin

Entonces tenemos 2 opciones; podemos engancharnos a la película de que "son malos" (mira que malos son, no me lo merezco, etc.) o abrir los ojos y actuar.

Si actuó, estoy asumiendo la responsabilidad y estoy pasando página de esa experiencia. Estoy sanándome, porque estoy asumiendo que EL OTRO SOY YO.

¿Te acuerdas cuando te conté en mi historia que mi madre me pegaba más a mí que a mis hermanos? ¿Qué me insultaba más que a ellos, me prohibía cosas más que a ellos, etc.? ¿Y te acuerdas que te conté también que ellos estaban más felices que yo con la vida que tienen?

¿Me explico? Pues eso, por más que me sentía mal, y maltratada física y psicológicamente, más aumentaba la agresión de mi madre y de los que me rodeaban.

Sentía que todo el mundo me odiaba, me negaba a mí misma pensando que no es justo nada de lo que estaba sucediendo.

Que era una gran víctima, y me lo creí de verdad.

Porque realmente toda la "porquería" que he recibido la he hecho yo a través de mi madre y esas personas. Yo lo permití.

Si me quedo estancada en; mira lo que me hace, que mala persona, no tiene corazón, etc. Y además lo verbalizo y lo cuento a otras personas, o simplemente me lo repito en mi cabeza una y otra vez sintiéndome víctima, ¿qué ocurre? Que lo voy a remitir, y eso va a seguir aumentando sin parar, siguiendo con el rol de pobrecita y qué pena…y bla bla bla.

No estoy siendo la poderosa; no estoy conectada con esa Diosa poderosa que puede transcender cualquier experiencia desde el amor, porque estoy actuando desde el miedo, porque actúo desde el resentimiento y me quedo allí enganchada.

Todo lo que ocurre ERES TÚ. Y TODO ESTÁ CORRIENDO PARA TU MAYOR BIEN. Para que te despiertes de una vez.

Yo lo convierto en ley para mí, y lo manifiesto, con lo cual sigo teniendo sólo personas así en mi vida.

Con mi sistema de creencias, lo convierto en realidad y voy a generar esa experiencia que me va a permitir relacionarme con esos personajes más a largo plazo. Cuando tienes miedo a algo a nivel subconsciente eliges esas experiencias, a nivel del Yo superior, a nivel del alma. Todas son experiencias elegidas desde nuestra ALMA. ¿Y por qué el alma elige ese tipo de experiencias?

Cada uno de nosotros le ha tocado algo distinto, pero eso nos permite sanar y te conecta con tu **YO PODEROSO**.

Esas situaciones que estamos experimentando desde la sumisión, poniéndonos como marionetas de lo que ellos quieren, entonces, lo mejor que te pueda pasar, es que pases ese tipo de maltrato, porque ese tipo de experiencia se estaba apropiando de ti, porque si tú no sabes poner límites, y no sabes decir que no, si tú no sabes decidir BASTA, **tú estás programada para pasar ese tipo de maltrato, tienes que sufrir ese tipo de maltrato para decir que NO y tomar acción, es parte del proceso**.

Y claro que hay varias opciones, entre ellas, seguir siendo víctima y dar lastima, pobre de ti. Mira lo que me han hecho y bla bla bla....

O por el contrario lo ASUMES con responsabilidad. Asumes que sois dos seres inmaduros. Que no son ni lo peor ni lo mejor, que cada uno lo hace lo mejor que puede. Mi madre lo ha hecho lo mejor que ha podido. A mi madre la han maltratado tanto su familia y precisamente su madre, que ella se prometió con ella misma a darme lo mejor que ella sabe dar; y sin duda me hizo muchísimo daño a todos los niveles, pero ella lo pasó con su madre peor que yo, y se creía que con aflojar un poco el cinturón iba a ser mejor madre que mi abuela.

La otra cara de la moneda:

Quiero decir con todo esto que ella mientras me maltrataba, se maltrataba a ella misma también. Cuando me insultaba se insultaba a ella misma. Y cuando yo me sentía infravalorada se acercaban a mi vida solo personas para hacerme sentir que no valgo nada, que soy una basura. Pero yo por dentro me sentía así y ATRAÍA SÓLO ESO. Como siempre; Dar/recibir. Así es el universo y no teníamos ni idea de todo esto.

Las dos estábamos haciendo de espejo, y las dos sufríamos.

Y si te acuerdas, en el primer capítulo te he contado que mi madre tiene diabetes, y personas así no saborean la vida.... ¡y como ella no saboreaba su vida, su vida no tiene sentido según su inconsciente, sólo sabía dar eso! Y por muy religiosa y espiritual que se cree ser, esto es la pura realidad. Porque si fuera religiosa de verdad no tendría nada de esos malestares que sigue teniendo.

Pero no ha llegado el momento de que ella se dé cuenta del daño que se está haciendo a ella misma y a las personas que le rodean, y eso se respeta.

Me gustaría que me dejara ayudarla, pero es respetable que no lo vea como lo veo yo.

Cada uno es responsable de sus actos. Y como dicen; cuando el alumno está preparado, aparece el maestro.

Y yo me responsabilicé de los míos y por eso estoy donde estoy.

Y con eso no quiero decir que te tiene que dar lastima esto, o que sigas consintiendo lo que te pase con tu prójimo; tú asumes la responsabilidad de lo que te toca y tomas acción en cambiar eso que te limita a avanzar, respetando a los demás, pero sobre todo respetándote a ti misma.

Abandonarlo, soltarlo desde el amor, no desde el odio, porque si no seguimos en las mismas; lo único que haces así es retroceder y meterte en un túnel sin salida. Y la única que pierde aquí ERES TÚ.

Perdonas desde el corazón, y es aquí cuando entra el Ho'oponopono; allí donde entra: perdóname, lo siento, te amo, gracias.

Porque a nivel metafísico tú sabes que, aunque te está doliendo es tu reflejo, y lo que se te muestra allí fuera con personas que te hacen daño, que te corrompen, que te humillan, etc. te lleva al extremo, sin el cual nunca te habrías preguntado quién eres conscientemente, nunca te darías cuenta de que tienes esa dependencia emocional, nunca te habrías convertido en una mujer libre y poderosa.

Luego, en el fondo, esa experiencia te está empujando a tu sanación, ahí es cuando te conectas con, PERDONA, LO SIENTO, TE AMO, GRACIAS. Porque gracias a ellos has llegado hasta aquí.

Gracias a ellos hoy eres quien eres, gracias a ellos PUEDES VER ESTO DE OTRA MANERA.

Entrega esto al universo, elige La Paz. Tú sufres, tú sientes rechazo hacia una persona, tú ves que allí fuera hay una persona o personas que te maltratan, pero tú sabiendo que a nivel profundo y metafísico que no son ellos; PORQUE TODO LO QUE TE OCURRE TE LO ESTÁS HACIENDO A TI MISMA.

Integras esa experiencia pidiendo ayuda a Alá/ universo/ Dios/ tus Ángeles/ o el nombre que le quieras poner. ¡Integras ese "reto" y solicitas cambio de percepción, asumes que, desde tu yo pequeño, desde tu EGO, desde tu PERSONAJE no sabes nada!

No comprendes lo que te está ocurriendo a nivel más profundo y metafísico, no sabes lo que pasará luego. Entonces; ACÉPTALO, PIDE AYUDA, ENTRÉGALO Y PERMITE QUE ENTRE EN TU VIDA ESA AYUDA. Y en lo más profundo de tu corazón a nivel profundo eliges AMOR en lugar de guerra.

Y muchas veces no podemos perdonar en el acto, o en el primer intento, eso tiene su proceso; necesitamos que transcurra un tiempo, porque hay cosas que se pueden solucionar en el acto, quiero decir: dejándonos acoger por la comprensión, entendiendo que todo es nuestro reflejo y aplicándonos el: lo siento, perdóname, te amo, gracias. Pero en otras ocasiones necesitas más trabajo y tiempo porque no comprendemos de donde nos ha caído todo esto, el EGO nos presiona todo el tiempo.

Y yo estaba en esa situación con mi familia, cultura, y todo lo que me rodeaba. ¿Y tú te puedes creer que yo tenía o sentía que todo el mundo me odiaba? Pero eso era reflejo de mi interior y eso se reflejaba en mi exterior. Cada vez que yo me sentía peor por dentro más días infernales tenía.

Y eso fue un transcurso de veintisiete años, y claro que es normal que el día que exploté con mi madre me quedara INVÁLIDA. Sólo sentía rencor, odio, mucha ira, etc. Pero todo eso que yo creía que era hacia ellos, ERA HACIA MI MISMA y no tenía ni idea.

Y la frustración que te entra al querer quitar toda esa porquería que está retrasando tu evolución para alcanzar esa LIBERTAD necesita su tiempo, no es sólo ahora perdona y olvida y adiós, no. Es un trabajo interno que dependiendo de lo que sea lleva más tiempo o menos. yo llevaba toda una vida con un sistema de creencias destructivos y no se va en dos semanas de meditación. Necesitas tomar conciencia, alejarte, perdonarte, comprender que todo es tu espejo de todo lo que sientes dentro de ti y admitirlo, dejar de lado el EGO y no culpar a los demás de tu desgracia.

Porque nadie nos obliga a sufrir, nadie tiene el mando del ON/OFF de tu bienestar, **y nadie te hace daño tanto como te lo haces TÚ hacia ti misma**.

> *"Perdonar no es una cuestión de quién está en lo cierto o quién está equivocado. Es una cuestión de hacer lo correcto."*
>
> *Maestro Choa Kok Sui*

En principio suena duro, y te quedas mirando y diciendo; ¿cómo voy a querer hacerme daño? Y te comprendo perfectamente.

Yo también tenía esa ignorancia y me enteré a los veintisiete años, llego a saberlo antes y no me habría maltratado tantos años, pero bueno, lo importante es **TOMAR CONCIENCIA y ACTUAR**.

Nunca es tarde, siempre y cuando sepas cómo se mueve todo esto y no ignorar la verdad cuando te enteres de ella.

Te garantizo que son mecanismos inconscientes, y todo está actuando detrás de esas experiencias.

Y te hago una pregunta: **¿acaso sin esas personas que te han hecho tanto daño, hoy serías quién eres hoy en día?**

Esas personas han sido tus maestros, esas personas te han traído hasta aquí, esas personas HAN PERMITIDO QUE HOY SEAS UNA VERSIÓN MÁS PODEROSA Y MÁS FUERTE DE TI MISMA.

TODO ESTÁ EN TU MENTE, todo lo que ha ocurrido está en tu mente, por eso te tienes que limpiar a ti.

Te recomiendo que te LIBERES.

Porque necesitas soltar eso, tomando conciencia que lo ha creado tu mente, asumiendo el 100% de la responsabilidad, porque no quieres vivir eso nunca más.

A mí, mi familia no me puso un cuchillo en el cuello para hipotecarme 180.000 Euros, mi familia no firmó por mí, fui YO. Así que asumo las consecuencias de todo y lo acepto, me perdono, me amo, y doy las gracias por la experiencia que seguro no me pasará de nuevo.

Y así vas borrando poco a poco, y que eso no ocurra nunca más.

Has venido a este mundo por alguna misión que han dejado tus ancestros y eliges esos padres, pareja, etc. experiencias justo donde se han quedado tus antepasados y si no cumples la misión en la siguiente vida será como VUELTA a EMPEZAR hasta que pases esos retos con éxito, TU PUNTO DE PARTIDA ES DONDE HAN QUEDADO TUS ANCESTROS y en ti está la llave.

Si te acuerdas te he contado que uno de mis abuelos, que en paz descanse, tenía problemas de articulaciones, y sin ayuda no se levantaba ni podía andar, me daba mucha pena los dolores que padecía, y se murió así. Y la vida me puso en la misma escena que él poniéndome experiencias similares. en mi caso invalidez me duró tres meses, y el dolor de articulaciones desapareció totalmente a los seis meses. ¿Cuál es la diferencia?

Pues mi abuelo se ha entretenido en buscar a los mejores médicos y fisioterapeutas, los mejores, y no logró eliminar nada, sólo lograba un alivio de unos días, semanas y luego volvía el dolor.

Me acuerdo de que él le decía a mi madre: —" estos meses estoy visitando un terapeuta chino que es buenísimo — " y al cabo de unos meses se volvía a quejar, pero porque nadie le explicó de donde procede esa patología o malestar, (si mi abuelo no fue capaz de transcenderlo me tocó a mí) PERO YO SI.

Y aquí está la diferencia, TOMAR CONSCIENCIA y ACTUAR DESDE LA RAÍZ, ES LA LLAVE.

Olvídate de los que te rodean, y TOMA CONSCIENCIA DE TU EXISTENCIA.

DATE CUENTA DE QUE TODO ESO HA SIDO FRUTO DE TU MENTE.

Y ahora toca LIBERARTE. Piensa que nuestros ancestros han avanzado muchísimo, que ahora tenemos libertad de expresión antes no era así, que mi madre, abuelas y tatarabuelas no tenían voz; YO SÍ, ¿me hago entender?

Quiero decir que todo ha avanzado muchísimo y en nosotros está seguir avanzando y ESO ES MARAVILLOSO. porque gracias a sus avances NOSOTROS ESTAMOS AQUI PARA LA EVOLUCIONAR DE NUESTRAS RAZAS.

Como sociedad y como seres, tenemos que LIBERARNOS POR COMPLETO, porque la LIBERACIÓN conlleva a la inserción de EL EMPODERAMIENTO y la SANACIÓN

Cada episodio del cual no asumes la responsabilidad de lo que te ocurre y no actúas, LA VIDA TE LO VA A TRAER EN EL PRESENTE una y otra vez, porque por mucho que intentes olvidar sin llegar a sanarlo, la vida te lo va a poner en tu presente, aunque tengas 60 años, o 100; la vida te lo va a poner en frente una y otra vez hasta que logres sanarlo completamente.

¿Cuántas veces has escuchado alguien quejarse de que atraen solo hombres maltratadores, o ausentes? Y sabiendo que TÚ TIENES EL CONTROL, **¿a qué esperas?**

Date cuenta de que todo lo que nos pasa una y otra vez viene de nosotros, por mucho que nos produzca dolor, vivimos poseídas por el ego, pero realmente es para sanarnos y por eso hay que TOMAR CONSCIENCIA.

Lo siento, perdóname, te amo, gracias.

Lo siento perdóname, te amo, gracias.

Lo siento, perdóname, te amo, gracias.

Gracias papá y mamá por ser los maestros de mi alma. GRACIAS, GRACIAS, GRACIAS.

Da igual la opción que elijas, lo primero que tienes que hacer es AGRADECER a esa/esas personas que te están poniendo ese reto, porque a través de esa experiencia, aunque te produzca enfado, que es normal al principio, elige ver eso DE OTRA MANERA.

Claro que el perdonar cuesta muchísimo al principio, porque va tocando traumas que tienes desde muy pequeña, pero es el comienzo de tu progreso, y en todas las benditas religiones está, si Dios perdona todo, todo, todo, ¿Por qué tú no?

¿Crees que no eres digna de perdonar/perdonarte?

Igual que perdonas a los demás, sanas tu alma, y sanas a tu niña interior. Nuestros padres lo hicieron de la mejor manera posible y como sabían y les enseñaron.

Nuestros padres estando o no, hicieron lo mejor que podían hacer, como ellos estaban programados, nosotros daremos otro paso grande para que nuestra siguiente generación pueda dar otro paso gigante, así vamos haciendo un mundo lleno de amor.

¿Te acuerdas de que te conté que Dios/Universo o lo que tú le quieras llamar me dio un Bendito regalo que es mi hijo?

Pues yo soy incapaz de hacerle daño a mi hijo, y haré todo lo que pueda para que mi hijo tenga una vida feliz y llena de amor; pero es inevitable que en algún momento le haga algo que le provoque algún trauma.

Y eso no se hace queriendo en la mayoría de veces, los padres damos lo mejor que podemos y es humano equivocarnos, pero el mando lo llevas tú porque cuando estás consciente y entiendes que atraes y provocas lo que sientes dentro de ti, y eso se refleja en el exterior, vas a poder cambiar muchas cosas.

Te vas a reconciliar con el **AMOR PROPIO**, vas a poder **REPARTIR AMOR PORQUE YA TE AUTOALIMENTAS DE ELLO.** y en estas páginas, reafirmo lo siguiente: **GRACIAS MADRE POR SER MI MAESTRA DEL ALMA. TE AMO.**

Porque antes de darlo ya has podido **PERDONARTE** y **AMARTE**, y con **AMARTE** no es ir a salir de compras o irte de viaje porque te lo mereces, que sin lugar a duda te mereces eso y más, pero **AMAR** es otra cosa…

EL ARTE DE AMAR.

"La afirmación de la vida, felicidad, crecimiento y libertad propios, está arraigada en la propia capacidad de amar, esto es en el cuidado, el respeto, la responsabilidad y el conocimiento. Si un individuo es capaz de amar productivamente, también se ama a sí mismo; SI SÓLO AMA A LOS DEMÁS, NO PUEDE AMAR EN ABSOLUTO".

Eric Fromm. El Arte de Amar

El arte de amarte a ti y a los demás por encima de todo, aunque en esos momentos no entiendas porque es así, porque no paran de perjudicarse y terminan dañándote a ti también, independientemente de eso, **ÁMALOS**, porque cada uno es libre de ser quien es. Igual que tú tienes derecho de que te respeten, <u>respétalos a ellos también porque se lo merecen y tú no eres nadie como para ir cambiando a nadie que no quiera recibir tu ayuda</u>.

> *"El que es incapaz de perdonar es incapaz de amar."*
>
> *-Martin Luther King-*

LIBERARTE de esa mochila tan pesada que llevas encima desde hace años, y te invito a que **CIERRES TUS OJOS Y RESPIRES PROFÚNDAMENTE VISUALIZÁNDOTE EN PAZ CON TODO EL MUNDO**. Incluso con quién te ha hecho el máximo daño posible.

¿A que te sientes menos pesada?

¡Yo cuando lo hago siento que hasta me pesa menos el cuerpo!

Es maravilloso respirar profundamente, relajarte y tomar conciencia del HOY Y EL AHORA. Que a partir de ahora es el PRESENTE, que ayer ya no existe, que la semana pasada ya no existe y menos esos años de atrás. YA NO EXISTEN.

RESPIRA, RESPIRA PROFÚNDAMENTE.

Soy profesora de Pilates, y su pilar fundamental es la **RESPIRACIÓN CONSCIENTE** y correcta en cada movimiento.

Para cualquier movimiento hay que inhalar profundamente, y exhalar muy despacito. Pero eso no sólo se aplica en Pilates, se aplica en **TODO**.

¿Tú estás consciente de que respiras bien o no a lo largo de todo el día?

Probablemente, no. Pero si cada vez te das cuenta y **RESPIRAS PROFUNDAMENTE**, cierras los ojos y respiras, y sientes como va elevándose tu pecho o tu abdomen. La liberación que sentimos es grandiosa.

Probablemente lo estés intentando ahora mismo, ¿a que es maravilloso respirar despacio y consciente?

Te recomiendo que lo practiques todos los días, y si no te acuerdas por lo que sea, recurre a la alarma del móvil, y así cada vez que te toca lo practicas. Eso no te quita tiempo, para eso no hace falta que vayas precisamente a la playa o al jardín, que sería lo suyo. Pero me conformo con que lo practiques en tu casa, trabajo, o en donde estés a gusto, menos en el baño… claro. ☺

Lo importante es que tomes consciencia de tu respiración y de tu cuerpo, porque te aseguro que se siente una LIBERACIÓN, que parece que te han renovado el cuerpo. Ligera cómo las mariposas. PRUEBALO mientas me sigues leyendo.

Conforme vas avanzando con este libro, puedes subir una foto con él, en algún sitio curioso donde te ayuda a desconectar y respirar con conciencia.

Con el: #respiramariposa #yosoymariposa #fatimasaoud0407

Recuerda: **OXIGENO = VIDA**

Espero que compartas conmigo tus fotos ☺

EXISTES TÚ Y TU PRESENTE.

¿Que no es bonito tu presente ahora? Vale, pues toma consciencia de que ahora tu vida no tiene sentido y que quieres DARLE VIDA A TU VIDA. Porque si no lo haces tú, amiga mía, nadie lo hará por ti. Y por más que tardes en tomar acción, más te estas alejando de esa felicidad que tanto te pertenece.

¡Te mereces lo mejor, y los que te rodean también!

¡Y perdonar, no es de tontos!

¡El camino más Fácil es tomar acción, acuérdate de esto!

ÁMATE Y AMA A LOS DEMÁS COMO A TI MISMA. ÁMALOS COMO NUNCA LO HAS HECHO JAMÁS, Y ACTÚA.

Llegados a este punto, me vas a permitir hacerte una pregunta:

¿Sigues pensando que eres una víctima?

¿Sigues anclada en el pasado?

Acuérdate que yo también sufrí malos tratos físicos brutales, malos tratos psicológicos, Bullying y humillaciones en todos los niveles, trabajé como nadie para cubrir los gastos de mi familia, me hipotequé 180.000€, me querían casar con uno que no conocía y cuando dije que no, me insultaron y me castigaron, **ME ENCERRARON SIETE MESES**, cuando quise ser yo misma, me apartaron de su lado, y encima inválida y sin su apoyo. Sufrí bastante y de verdad que me quería morir. Quería irme a dormir y no volver a despertarme jamás. **PERO MI GRAN DESPERTAR FUE EL QUEDARME INVÁLIDA...**

Sentía que todo lo que me pasaba no era justo. PERDÍ LA FE EN TODO, pero, después comprendí que ellos NO TENÍAN LA CULPA, que yo he venido a esta vida con una misión, mis miedos y mi inseguridad no paraban de ponerme en mi camino, una y otra vez, escenas de humillación, infravaloración, engaños, etc. porque yo **no aprendía a superarlos**. No veía el mensaje cada vez que se presentaba en mi vida. Y eso era un SINVIVIR PARA MI.

Porque siempre me he visto como la VÍCTIMA que no paran de hacerle daño, que ni siquiera conseguía tener una pareja en condiciones, ni amigos que me quieran como yo soy, pero ES QUE YO NO ME QUERÍA, Y NO ME RESPETABA.

¿Cómo voy a encontrar a alguien que me respete?

¿Cómo voy a encontrar a alguien que me AME si YO no me AMO?

¿Cómo voy a encontrar el trabajo de mi vida si ni sabía lo que quería?

Sólo sabía que no me merecía todo eso y que no era justo.

Y hoy miro atrás y digo: "wooow increíble, como era y COMO SOY AHORA"

Muchas personas ya me han dicho que echan de menos a aquella Fátima; y yo les digo" **Fátima se transformó en una mariposa que no para de volar, y tú no me vas a cortar mis alas nunca jamás, porque es lo que he deseado desde que tuve razón de vivir".**

Y la gente lo tiene que aceptar igual que les acepto yo a ellos, ya no permito que nadie se interponga en mi EVOLUCIÓN y MI TRANSFORMACIÓN, y eso querida lectora es lo que ¡TIENES QUE HACER!

AMATE/ÁMALOS y RESPÉTATE/RESPÉTALOS

Si quieres vivir en el PARAÍSO,

EN TU PARAÍSO.

Date cuenta, que si no limpias tu resentimiento, odio, culpabilidad, etc. A tus hijos, nietos.... les tocará, afróntalos. **Y tú no quieres que pasen eso, ¿verdad?**

Ya bastante has sufrido, así que no creo que vayas a permitir que ese sufrimiento para a otros, si lo puedes evitar.

PERDÓNATE, LIBÉRATE DEL PASADO Y PERMÍTETE VOLAR.

Tan sólo déjalo ir. Siente la maravillosa sensación de alivio y ligereza que brinda esa LIBERACIÓN en tu ser.

Cuando dejas ir, ignoras todo pensamiento. Céntrate en la propia SENSACIÓN, no en los pensamientos. Los pensamientos son interminables, se auto-refuerzan y solo se agrandan a más pensamientos, y esto no son más que argumentos mentales para tratar de explicar esa sensación que te revuelve. La verdadera razón de esa sensación es la presión acumulada que quiere salir en ese momento. Los pensamientos o acontecimientos externos son sólo una excusa compuesta por la mente.

El Universo oye lo que sientes, él no tiene oídos para escuchar lo que dices, él responde a tu vibración, a la que emanas con tus sentimientos. Si algo te hace sentirte mal es una señal que tienes que cambiar ese sentimiento hacia algo que te hace sentirte bien, y con ese sentir entrarás en el proceso de atraer eso que tanto has deseado, ese estilo de vida que tanto has deseado.

Si prestas atención a cómo te sientes, podrás llevar a cabo el motivo por el que estás aquí, y continuar tu anhelada expansión con el gozo con que ansiabas hacerlo. Y esto es un curso de autoaprendizaje, que se aprende con la práctica de observar, vivir tus emociones, tus sentires, te caerás, pero te levantarás con más fuerza porque escucharas la llamada, el susurro de tu alma con muchísima más claridad.

Haciéndote consciente de los mensajes de tus emociones, lograrás comprender, con absoluta precisión, todo lo que estás viviendo en estos momentos. Comprométete y responsabilízate al 100% con tu vida, primero **pon atención en ti** y luego en tu entorno, porque una vez que aprendas el Arte del Creador, no pararas en enseñar al mundo, no lo podrás guardar esa información valiosa, esas experiencias vividas en tu interior. Es cuando sentirás, verás, oirás, tocarás la magia que guardabas en ti, la magia de la Vida. Disfruta de tu vuelo gozando con cada aleteo que das.

El calor de tu corazón, las alas de tu mente y las ganas en lo más profundo de tus entrañas. Besa bajo la lluvia y nota al mundo relucir por las nubes oscuras. Mirar de qué color es tu alma, cómo son tus ganas de querer sentir y con quién quieres viajar. Una paleta para poder brillar con tu mejor color, en tu habitación tu canción favorita sonando y notar la piel erizarse por el simple hecho de estar viva. De eso se trata. La cuenta atrás se acaba y sonará la campana del fin del baile. Deja tus mejores pasos en la pista y crea la música más bella del mundo, de tu mundo. Y canta. Canta hasta quedarte sin voz. Solo vive y baila para sentirte vivo, no para que vengan a bailar. Se tú mismo, el amor de tu vida y enamórate de lo que ves en el espejo. Ríete por tus imperfecciones y recuerda donde está tu meta, antes de que el tiempo pase. Antes de que todo se apague.

María Dolores Corral Ruiz

@pensandoagritos

TERCER PASO

EL PODER DEL "YO SOY"

¡¡TU PODER!!

EL MOTOR DE TODO, ERES TÚ.

"YO SOY mi luz y mi oscuridad.

YO SOY mi paz y mi guerra.

YO SOY el amor y el odio.

YO SOY la abundancia y la pobreza.

YO SOY acción e inacción.

YO SOY el camino.

YO SOY la energía.

YO SOY el poder de todo.

Todo depende de mí porque ¡YO SOY PODER!

¡YO SOY EL CREADOR! ¡YO SOY TODO!

Y tengo la intención de traer la paz, amor y luz para equilibrar los poderes en el mundo ¡AHORA YO SOY!"

En esos momentos que sientes que tú eres la creadora de todo lo que te rodea, que todo ese tiempo que llevas con la lucha contigo misma y sintiéndote mal, sintiéndote impotente, irritada, triste, fracasada, tonta y las veces que has sentido todo lo contrario, que Tu eres lo más, buena, bondadosa, inteligente, poderosa, etc. todas esas veces tú ¡fuiste la creadora de todo! Porque **"YO SOY"** es el poder divino.

Las dos palabras más poderosas **"YO SOY"** han estado contigo y han ejercitado su función como debería ser, da igual si es positivo o negativo, porque si tú eres el poder, el universo no escoge entre que es lo bueno o lo malo para mí, Yo ordeno y el obedece.

¡Y Tú no tenías ni idea de tu poder!

Yo también estaba como Tú, o peor, depende por donde lo mires. Yo tampoco tenía ni idea de que tenía ese poder sobre mí misma, que tenía la llave en mis manos y no lo veía. He estado ciega no… lo siguiente. Llevaba tantos años sintiéndome mal que formaba parte de mí día a día, comprender eso y practicar lo contrario que llevaba años diciéndome a mí misma no fue tarea fácil.

Sentir que tengo el poder absoluto, parecía algo ridículo para mí, porque no me sentía digna de ello, estaba más centrada en que me aprueben los demás. Y en el daño que podía provocar si me autorizo dicho poder, y me decía si ellos no me aprueban, yo no soy nadie sin ellos, y tantos años sintiendo desautoridad desamor hacia mí misma, que cambiar eso, fue duro **porque yo le di el poder de que sea duro**. No hay nada más fácil en este mundo como amarte y amar a los que te rodean.

Eres La Luz de tu alma nunca olvides esto, **"YO SOY"** es **LA SUSTANCIA, LA INTELIGENCIA Y LA ACTIVIDAD**, "en el que vivimos, nos movemos y tenemos el ser", de una manera inconsciente.

Siente conscientemente la unión con el Universo, **"YO SOY"**, en lo más dentro de tu corazón.

Cada vez que dices **"YO SOY"**, la Sustancia única de la cual Dios/ universo formó el cielo y la tierra, se pone en movimiento.

Decir **"YO SOY"** es obrar sobre esta Luz, y por su medio, sobre toda la naturaleza sumisa a las modificaciones de la Inteligencia.

¿Te acuerdas cuando te dije en el primer capítulo que **decidí no montarme en silla de ruedas, ni coger muletas**?

Ahora te voy a contar porque fui tan "cabezona".

Yo tenía clarísimo que no iba a seguir inválida por mucho tiempo, de hecho, ni lo acepté.

Mi mente sólo estaba centrada en cómo lo puedo hacer para recuperarme lo más pronto posible, por mucho que me duela, por mucho que me afecte la pena que sentían los demás por mí, de hecho, a todos los que me veían intentar andar apoyándome en la pared, me regañaban que por qué no cogía muletas si quiera.

Las primeras semanas cómo te conté fueron muy duras, y más aún de tantas revisiones médicas y conclusiones que sacaban al examinarme de que iba a empeorar más de lo que estaba.

Te puedes imaginar cómo se siente una cuando te comunican; que empeorará tu situación y que encima puedes tener próximamente cáncer si tu hígado no se recupera.

Terminas hecha polvo. Pero como yo de pequeña he sido muy cabezona y por muchos palos que me daban yo seguía haciendo las cosas a mi manera, decidí simplemente **OLVIDAR QUE ESTABA INVÁLIDA**, olvidar la posibilidad del cáncer, dejé de lado la depresión y me centré en avanzar.

Cuando intentaba levantarme de la cama o del sofá y no podía o me dolía el intentarlo, imaginaba que era algo pasajero y que a cualquier persona normal le podría pasar eso.

Y con eso el dolor no se esfumaba, repetir eso todos los días, y estar más que convencida de eso, ayuda mucho más de lo que te imaginas.

"Antes de convencer a la gente, **CONVENCE A TU MENTE**".

Tú crees que, si me hubiera entretenido con la pena, victimismo y que pobre de mí, y ayúdame por favor, etc. ¿Hubiera mejorado mi estado de salud tan rápido?

Si tu respuesta es SI, cierra este libro y déjaselo a alguien que le saque provecho, porque no habrás aprendido nada, sólo has estado pasando las páginas para entretenerte.

Pero si por lo contrario tu respuesta es un NO rotundo, entonces, amiga mía sigue con este viaje.

Sentí que YO tengo el poder, es que YO SOY el poder divino. Nadie va a decidir por mi si sigo en esa situación o no, excepto yo misma, porque la que manda en mis células SOY YO, y no el vecino.

Deja de pensar que padeces esto o aquello, que no tienes suerte, que la vida es tan dura como dicen muchos por allí. No seas **ME-DIO-CRE** y admite que tú eres todo el poder que andabas buscando, y que **tenías el poder desde que naciste**.

Esta Sustancia Única obedece constantemente al corazón.

Cuando afirmas **"YO SOY"** se moviliza la Sustancia Única de la cual el Creador formó el cielo y la tierra, obrando sobre esta Luz y haciendo a la Naturaleza sumisa a las modificaciones de la Inteligencia.

Ahora repítete en voz alta:

Amada Lectora como he ido diciendo numerosas veces y no me cansaré de repetírtelo, hasta que lo integres en ti totalmente. De tanto repetirlo se queda en tu mente para siempre, y terminarás tomando consciencia; La razón de tus "problemas" no es tu entorno, gobierno o tus jefes, etc. La razón de los mismos es tu **mente/pensamientos ¡ERES LA ATRACCIÓN DE TODO!** Y los problemas o tu sensación de miedo siguen ahí por la energía que les enfocas. Es normal si no lo sabías que estés centrándote nada más que en eso, pero sabiéndolo ahora te invito a que cambies el Chip, a plantearte las cosas de otra manera, porque centrándote en lo opuesto a tus miedos y problemas lo cambiarás todo.

"YO SOY una con el poder que me sustenta. Me siento unida a su amor y, por ello, expreso amor a todas las personas que me rodean. Es muy gratificante que cada vez que curo algunas de mis heridas, los demás también se curan. Hago el bien a todas horas y en todo momento, porque reconozco que cuando beneficio a otro, en realidad, me beneficio a mí misma.

Encuentro maneras claras y simples de equilibrar la balanza del intercambio. Invoco la sabiduría infinita para que guie mi pensamiento y decisiones, y gracias a ella progreso fácilmente en todo lo que emprendo. Me siento EXITOSA y TRIUNFADORA.

Cada vez que gano, sé que muchos ganan conmigo. ¡Me siento en paz conmigo misma porque el AMOR y la SINCERIDAD son mis guías, por lo tanto, JAMAS PUEDO PERDER!!

Mi Amada presencia transmuta toda imperfección que yo pueda haber creado, y con la autoridad de "YO SOY" me repone toda la fuerza y la perfección que yo deseo.

"YO SOY" ahora el ser ascendido que estoy deseando ser. "YO SOY" la presencia conquistadora y yo ordeno a mi amada presencia que gobierne perfectamente mi mente, mi hogar, mis asuntos y mi mundo.

"YO SOY" la magna energía electrónica que fluye, que llena, que renueva cada célula de mi mente y de mi cuerpo ahora mismo."

Recopilado del libro "Saint Germain"

¿Acaso alguien puede impedirte elegir tener pensamientos de prosperidad?

¿Puede alguien impedirte actuar desde el amor?

¿Puede alguien frenarte en aumentar tu propia felicidad?

Nadie puede obligarte a tener ideas negativas, tristes, catastróficas, dañinas... Pues nadie se puede meter en tu cabeza, ni tampoco sentir por ti tu propio corazón.

Durante siglos hemos buscado el poder fuera; en los padres, en los Dioses, en los superiores, en los reyes, en los sabios, en magos, en la medicina, en las religiones... **Ahora entendemos que el poder solo lo encontraremos dentro de nosotros mismos, en nuestro interior.**

Dentro de ti brilla un poder interior que se expande en función de tus vivencias y comportamientos. Él es tu guía natural y amorosa hacia la salud perfecta, la pareja perfecta, la profesión perfecta, te ofrece la prosperidad en todo aquello que deseas.

TU PODER INTERIOR ES EL MOTOR DE TU FELICIDAD.

Amarte a ti misma es reconocer esa guía, es crecer con esa luz y hacer que se expanda libremente desde tu interior hacia su fuente, al mismo universo.

El peligro reside en el olvido de quienes somos y qué hemos venido a hacer en este rincón del universo; que tipo de sentimientos hemos venido a experimentar, como seres humanos, a compartir y expandir en este mundo. El peligro reside en olvidarse de que todo este viaje ha sido programado y deseado por nuestra esencia divina.

Abandonarnos es darle la espalda a esta realidad. Olvidarnos de ser felices es convertirnos en seres prisioneros de la incapacidad (no soy capaz de esto, no voy a lograr lo otro, no me merezco esto, esto no es para mí...), en exponerse como víctimas de los demás (si mis padres se hubiesen comportado de otra forma, si mis hermanos me hubiesen entendido…), **nos convertimos en ciegas ante nuestra propia responsabilidad, e inválidas a la hora de aumentar nuestro propio poder interior**.

Nos convertimos en la renegación ante nuestro único guía interior. Negar nuestras capacidades nos convierte en víctimas. Entonces surgen: el desamor, la rabia, el resentimiento, la tristeza, el dolor, la enfermedad y todo sentimiento de incapacidad, de autocrítica…, como llamadas de atención para decirnos: ¡ojo, que no es por ahí! ¡Qué eso no te hace feliz!

Sé consciente de que tu evolución está encaminada… Somos hijos del universo; y este no nos juzga ni nos critica. Solo quiere lo mejor para nosotros.

¿Y tú, acaso quieres lo mejor para ti?

Si el universo no te juzga ni te critica, ¿Por qué lo haces tú contigo misma?

¿Quién eres para juzgarte, castigarte, privarte, si el Universo mismo no lo hace?

RESUMIENDO, LOS PASOS PARA RECUPERAR TU PODER INTERIOR:

Asumir tu responsabilidad: Eres la única responsable de tu felicidad. De nada sirve mendigar a otros que te hagan felices, ni tampoco culpar a otros y responsabilizarlos de tu propia infelicidad. Por mucho daño que te hayan podido hacer solo tú tienes la llave de tus pensamientos y sentimientos. Sólo tú eres responsable de perdonar y dejarlo ir. Esto es un acto propio del único corazón del que disponemos. **Aquí se encuentra la verdadera liberación del agredido y el verdadero poder interior**.

Atrévete a expresar tus sentimientos: Durante siglos hemos sido enseñados a que expresar nuestras emociones era cosa de débiles o de maleducados. La expresión de la rabia ha sido crudamente censurada, especialmente en la mujer.

La tristeza y el llanto resultan insoportables para la mayoría,

¿Cuántas veces habremos visto a adultos animando a un niño que se ha hecho daño, a callarse y cortar su llanto?

¿Cuántas veces los podemos escuchar diciendo: no es nada? Pero al niño le duele.

Reconocer el dolor lleva a tranquilizarse o tranquilizar al otro. NEGAR EL DOLOR ES AUTOMÁTICAMENTE AUMENTARLO. Negar es un modo de enseñar, y así se nos ha enseñado, que las emociones, los dolores, no importan, no son nada. Y así aprendemos a tragar en vez de sacar y limpiar.

¿Cuántas emociones habrás tragado con los años…?

¿Cuántas emociones reprimidas llevas contigo cada día?

¿Cuánto daño ha estado expandiendo así el malestar por no enfrentarlo y sacarlo?

Reprogramar tu mente: Para recuperar tu poder interior con nuevos pensamientos de valía y merecimiento, potencia a tu más potente herramienta que es el corazón.

Reconocer tu guía interior te hace renacer:

Realizar las siguieres afirmaciones cada día es una eficaz forma de reorientar nuestras convicciones sobre nosotros mismos.

Repítelo al menos 3 veces al día:

"Me merezco lo mejor y ahora lo acepto.

Soy una y la misma cosa con el Poder que me ha creado.

Me amo y me acepto exactamente tal y como soy.

La felicidad corre por mi vida como la sangre por mis venas…

Ahora elijo detectar e identificar los obstáculos que me señalan mi equivocación, que me sugieren el nuevo camino que puedo tomar.

Me autorizo a salir de las situaciones que puedan frenar mi vivencia de la felicidad día a día y mi poder interior, porque **YO SOY PODER, YO SOY MARIPOSA**"

DESAPRENDER PARA APRENDER.

"La oscuridad no puede expulsar a la oscuridad; sólo la luz puede hacerlo. El odio no puede expulsar al amor; sólo el amor puede hacer eso."

Martin Luther King, Jr.

Cuando respiras conscientemente, cuando no te dejas atrapar con lo típico de la vida cotidiana; con su ritmo, ese ritmo frenético, ese ritmo al cual está acostumbrada a vivir esta sociedad que hemos creado entre todos.

Cuando respiras, cuando paras, cuando guardas un rato de silencio; ¡puedes percibir QUE NO TIENES QUE APRENDER NADA!!

No hay nada que aprender. lo que hay que hacer es **RECORDAR**, recordar lo que eres; recordar lo que acontece: en tu vida, en tu existencia.

No tienes que traer nada de fuera, porque lo tienes todo dentro de ti y ya eres plena. Porque gozas de la sabiduría innata total y completa. Y los procesos conciénciales, en lo que denominamos evolución de consciencia son un proceso de recuerdo.

El recuerdo de que somos **"LA ILUMINACIÓN"**. No es otra cosa que un **RECUERDO**, el recuerdo de que lo somos, el recuerdo de que la iluminación no hay que perseguirla, entender que la iluminación no es una meta; **ES LO QUE SOMOS.**

Todos estamos iluminados; lo único que implica es darte cuenta. **Te das cuenta de que todo lo que buscabas fuera lo tienes dentro,** te das cuenta de esa divinidad que te empeñabas en buscar o en encontrar en lo exterior, realmente eres tú. A partir de ahí, la propia divinidad, deja de ser una creencia y se convierte en una experiencia.

Y la iluminación deja de ser algo, Porque te das cuenta de que está en tu propia esencia, en tu propia naturaleza, y no hay nada que aprender; **ESTAMOS RECORDANDO LO QUE SOMOS.**

Cada ser humano tiene su estado de consciencia y todos estamos en evolución. Cada uno tiene su propio proceso.

Y para evolucionar. ¿Qué hay que hacer?

Ir avanzando en ese proceso de recuerdo, para ir profundizando en ese proceso **NO HAY QUE HACER NADA.** Precisamente el empeño de hacer cosas es lo que dificulta, entorpece, ralentiza el proceso; por ejemplo: "tú no puedes ayudarle a la mariposa a salir de su capullo porque si no, no la dejas que se convierta en mariposa naturalmente, se ancla en una oruga. Hay que dejar su transcurso natural."

Y eso es enormemente sencillo y ahí radica su dificultad, precisamente en eso, porque cuando hemos vivido tanto tiempo atados a la mente, **y la mente no le gusta procesar lo sencillo**, ¿no nos damos cuenta de que la mente crea problemas donde no los hay?

¿No te das cuenta de que la mente hace complicado lo sencillo?

Es muy fácil darte cuenta de eso, y ese es el sistema de función de la mente para protegerse y no salir de su zona de confort, y el encuentro con lo que somos, el encuentro con la divinidad, la iluminación que ya tenemos, recordarlo es fácil y sencillo, tan sencillo que NUNCA PODREMOS HACERLO DESDE LA MENTE, porque la mente siempre dirá, ¡NO!

Porque la mente no para de repetirte: "esto no es tan simple", "esto no puede ser tan fácil", y buscará cosas complicadas, y cuanto más complicadas mejor.

Recuerda lo que eres, encontrándote con lo que eres en realidad, y en ese encuentro estará todo: la divinidad, la iluminación, absolutamente todo.

INCONSCIENTEMENTE TENEMOS MIEDO A LA VIDA, pensamos que en algún momento nos va a llevar a vivir algo que no queremos, que nos va a llevar a vivir algo que nos va hacer daño, que nos va a causar sufrimiento, y es justo al revés.

La vida es pura inteligencia, sabe que estamos sufriendo, sabe que hay sufrimiento y dolor dentro de nosotros, entonces da señales, situaciones para que podamos ser conscientes de ese dolor, y ese sufrimiento, **cuando no aceptamos lo que ocurre en nuestra vida y le damos el poder a nuestra mente, estamos rechazando nuestro avance**. Vamos negándonos a mirar nuestro dolor y por lo tanto le estamos diciendo a la vida: "no quiero sanar ese dolor", es como si le dijeras inconscientemente: "dame más tiempo, déjame sufrir más", "déjame sentir más dolor". Lo hacemos a un nivel tan inconsciente que creemos que al hacer esto, nos estamos defendiendo del dolor, y creemos que queremos ser felices con eso.

Que haciéndole caso a la mente vamos a alcanzar la felicidad. Y es falso.

Hay personas que creen que su vida no debería ser así, o incluso piensan que están haciendo cosas que no son correctas, pero desde la perspectiva del aprendizaje, el aprender a sentir la vida, da igual cómo has estado viviéndola; **HAS ESTADO APRENDIENDO PARA LLEGAR A SER QUIEN ERES HOY EN DÍA. Todo fue perfecto para tu enseñanza y el universo te ha puesto en esa experiencia una y otra vez para que te sanes**.

La mente busca sobrevivir: En algunos momentos habrás hecho cosas de forma más desenfocada, pero estás en tu propósito. Creemos que aprender implica hacer las cosas perfectas, pero no tiene sentido porque si estamos aprendiendo lo lógico es que nos equivoquemos muchas veces. Es parte del aprendizaje.

Muchas veces pensamos que el aprendizaje es igual a miedo a equivocarnos, por eso nos cuesta tanto aprender. **Porque no estamos dispuestas a aprender**. En lugar de ver el cambio como una equivocación, necesitamos entenderlo como una parte natural de la vida y del trabajo. El hecho de admitir la existencia de otras opciones requiere de elevada dosis de humildad. Así que, **VACÍA TU MENTE. Y DESAPRENDE PARA APRENDER**.

Yo pedí fuerza...

Y encontré dificultades para hacerme fuerte.

Yo pedí sabiduría...

Y tuve problemas para solucionar.

Yo pedí prosperidad…

Pero solo tuve cerebro y fuerza para trabajar.

Yo pedí coraje...

Y encontré peligro para vencer.

Yo pedí amor...

Y vi gente quebrantada a quien ayudar.

Yo pedí favores...

Y encontré oportunidades.

No recibí nada de lo que quería...

¡Recibí todo lo que necesitaba!

"La lección de la MARIPOSA".

BRILLA, BRILLA, BRILLA CON LA LUZ PROPIA.

Las cuatro velas se consumían lentamente. El ambiente estaba tan silencioso que se podía oír el diálogo que mantenían entre ellas...

La primera dijo: —**YO SOY LA PAZ** Las personas no consiguen mantener mi luz, creo que me apagaré. Y poco a poco, su fuego se apagó.

La segunda dijo: —**YO ME LLAMO FE** Las personas no quieren saber nada de mí. Soy muy débil y no tiene sentido seguir dando luz. Cuando terminó de hablar, una brisa pasó suavemente sobre ella y se apagó.

Con mucha tristeza la tercera vela manifestó: —**YO SOY EL AMOR** No tengo fuerzas para seguir encendida. Todos me dejan de lado, se olvidan hasta de sus seres queridos. Y sin esperar más, se apagó.

De repente...
Entró un niño y vio las tres velas apagadas.
—¿Qué es esto? Ustedes debían estar encendidas hasta el final. Lleno de tristeza, el niño empezó a llorar...

Entonces la cuarta vela habló:
—**YO SOY LA ESPERANZA** No tengas miedo, mientras yo tenga fuego podremos encender a las demás.
Con los ojos brillantes, tomó la vela encendida… Y volvió a darles luz a las demás
¡Qué la luz de "la esperanza", nunca se apague dentro de tu corazón!

> *"Durante nuestros momentos más oscuros, debemoscentrarnos en ver la luz"*
>
> ***Aristóteles Onassis.***

Nuestra esencia es Luz y Amor. Somos seres de Luz, brillantes, provenientes de la divinidad y la perfección. **Cuando decidimos venir a esta vida, escogimos tener algunas limitaciones, bloqueos en cualquier área de nuestra vida. Y para que eso sea factible escogimos también a nuestros padres, llenos de miedos, dudas, desvalorización y vergüenza. Seres espirituales en una experiencia humana perfecta para cumplir el trabajo dentro de nosotras, apagar la intensidad de nuestra LUZ interna.**

Nuestro proceso de evolución nos lleva a esto, dejar BRILLAR nuevamente nuestra LUZ. Poner el ego en su lugar (al servicio de nuestra luz), con sus temores, limitaciones, creencias falsas y bloqueos. Al permitir BRILLAR nuestra propia LUZ irradiamos y contagiamos a otros para que lo hagan también.

NO DEJES DE BRILLAR.

Eres parte de este Universo. Que juegues a ser pequeña no sirve al mundo. Nada hay de iluminado en encogerte, para que otros no se sientan inseguros con tu presencia.

Todos fuimos hechos para brillar, como brillan los niños.

Nacimos para manifestar la maravillosa perfección del Universo que llevamos dentro.

Esa perfección no está solo en algunas de nosotras, está en todos.

Y al dejar BRILLAR con nuestra propia LUZ, inconscientemente damos permiso a otros para hacerlo también.

Al liberarnos de nuestros miedos, nuestra presencia libera automáticamente a otros. Retomando el camino hacia la fuente divina.

Aunque tu LUZ esté oculta bajo grandes capas de miedos… sé que está ahí; toma consciencia y atrévete a experimentar lo maravillosa que es esa LUZ que radica en tu interior. **Ámate y ámalos**.

Te Amo ♥

No estás aquí para estar deprimida.

No estás aquí para sentirte culpable.

No estás aquí para ser una desgraciada.

No estás aquí para estar preocupada.

No estás aquí para alardear.

No estás aquí para estar estresada.

No estás aquí para irritarte e irritar a otros.

¡TU ESTÁS AQUÍ PARA VIVIR LA VIDA EN TODA SU PLENITUD, Y ESTAR FELIZ!

¿Te atreves a experimentar a esta vida en todos sus sentidos, como estoy haciendo yo?

No te podría expresar lo feliz que me hace ser tan **AUTÓNOMA** de mis acciones. Sé que a muchas personas les gustaría hacer una vida que ellos entienden por correcta; pero te aseguro amiga mía que eso es muerte en vida sino vives según tus inquietudes, realmente la vida no tiene valor, por mucho que los míos pretendan protegerme a su manera ¡NO ES LO MISMO!

Te voy a contar un cuento que siempre me ha gustado y que le da sentido a lo que te estoy explicando ahora…

La Lección de la Mariposa.

Un día un hombre encontró un capullo de una mariposa y observó que en él había un pequeño orificio. Se sentó y se entretuvo en observar mientras la mariposa luchaba durante varias horas para forzar su cuerpo tratando de pasar a través de agujero.

Pasó un largo rato observando los esfuerzos de la mariposa para salir al exterior, pero parecía que no hacía ningún progreso, como si hubiera llegado a un punto donde no podía continuar.

Apiadado, el hombre decidió ayudar a la mariposa, tomó las tijeras y cortó el resto del capullo. La mariposa salió fácilmente, pero tenía el cuerpo hinchado y las alas pequeñas y arrugadas.

El hombre continuó mirando porque esperada que en cualquier momento las alas se extenderían para poder soportar el cuerpo que, a su vez, debería deshincharse. Pero nada de esto ocurrió. Por el contrario, la mariposa pasó el resto de su vida con el cuerpo hinchado y unas alas encogidas... **¡nunca pudo volar!**

Lo que aquel hombre, con su amabilidad y apuro, no llegó a comprender es que el capullo restrictivo y la lucha necesaria para que la mariposa pudiera salir por el diminuto agujero, era la manera que utilizaba la Naturaleza para enviar fluido del cuerpo de la mariposa hacia sus alas de modo que estuviera lista para volar tan pronto obtuviera la libertad del capullo.

A veces la ayuda de los demás nos puede dañar más de lo que nos puede ayudar. ¡Si el universo nos pone un reto en el camino, somos nosotros los que los tenemos que experimentar, por mucho que nuestro entorno se crea que tienen más experiencia y conocimiento sobre ello que tú; no deja de ser TU PROPIO CAMINO y te toca a ti experimentarlo!

¡No seríamos tan fuertes como podríamos ser y no podríamos volar!

Quien intenta ayudar a una mariposa a salir de su capullo la mata. Quien intenta ayudar a un brote a salir de su semilla, lo destruye. A ciertas cosas no se les puede prestar ayuda. Deben ocurrir de adentro hacia afuera.

Permítete SER TÚ, ERES EL PODER Y LA CREACIÓN DE TODO lo que viene de aquí en adelante.

ERES MARIPOSA.

Qué bonito ser **AUTÓNOMA** con tu vida, ¿verdad?

Y que bueno tomar consciencia de tu propio cuerpo.

¿HAS PROBADO ALGUNA VEZ ACARICIARTE?

Siempre hemos estado buscando a alguien que nos dé mimos, que nos acaricie, que nos abrace. Cerrar los ojos y sentir que estás con esa persona especial, novio/a, amigo/a, madre, padre, hermano/a, etc. Pensado que esa vibración tan alta se consigue sólo cuando se obtiene de "x" persona/s. Porque nos enseñaron que es así como debe de ser.

Te conté antes, que entre varias profesiones soy quiromasajista, y con ello, lo típico; La gente le encanta que le dé masajes, porque les encanta sentirse mimada, acariciada, se creen que esa sanación o la relajación que se obtiene se consigue sólo si se nos la aporta otra persona.

El tacto es muy suave o muy fuerte, depende de cómo te guste, pero yo lo que quiero es que **practiques a tocarte a ti misma, a sentir como acarician tus manos a tus brazos, espalda, piernas, pies, vuelves a subir hacia arriba, y vuelves a tocar las mismas zonas antes mencionados, respirando profundamente**.

Sigue subiendo, acariciando tu cara, tu pelo, masajea con la yema de los dedos tu cuero cabelludo y cuello y hombros. **ABRAZATE**, y gira el cuello hacia la derecha y hacia la izquierda, mientras respiras lenta y profundamente.

¿Cómo te sientes ahora?

Hace muchos años una amiga, en aquel entonces, me preguntó si alguna vez he probado darme a mí misma un masaje con mucho mimo y que sea de veinte minutos mínimos. Le contesté que no, que prefería ir a un centro y que me lo den.

El caso que cuando lo experimenté "flipé en colores" esa sensación de abrazarme, acariciar mi piel y acompañarla con una respiración profunda **es lo más gratificante que te puedas imaginar**.

¿Has probado abrazarte alguna vez?

Es una sensación única donde de verdad conectas con tu ser interior, o, mejor dicho; con TU MARIPOSA ENTERIOR. Donde esa consciencia se eleva lo más alto que te puedes imaginar. Practícalo y ya me contarás. ¡¡Hasta mi hijo de dos años y medio lo practica cuando me ve haciéndolo, me imita hasta en inhalar y exhalar!!

¡¡SIENTE TU PODER!!

Llegados a este punto, TOCA SACAR PAPELES.

¡No te asustes! ☺

En el primer y segundo paso, te pedí que escribas tus sensaciones en cada momento específico, lo sigues teniendo, ¿verdad?

Muy bien, ahora los vas a leer en voz alta, por orden, el primero y después el segundo, etc.

Toma tu tiempo.

Ahora que lo has leído en voz alta…¿Cómo te sientes al leerlos?

¿Te reconoces en ellos todavía al cien por cien?

Lo más seguro que NO, porque por lógica, **si has seguido avanzando página tras página lo más probable que ni te reconozcas**, porque has ido cambiando tu subconsciente poco a poco, y después de practicar los últimos ejercicios te estarás sintiendo tan liberada que, al volver a leer tus notas, te darás cuenta de que todos esos años fuiste esclava de tu propia mente, y la prueba la tienes en tus manos.

Me alegra mucho que hayas podido conectar conmigo, porque vibramos en la misma sintonía. Eres igual de GUERREA que yo. Estoy absolutamente convencida de ello.

Tienes el poder de **AUTO-TRANSFORMATE** en menos de lo que te piensas. Porque acuérdate que siempre fuiste **MARIPOSA**.

Así que, Querida MAR**IPOSA Ajusta tu mente a tu nuevo SER, y tu corazón al nuevo SENTIR** y no te desanimes porque siempre, en todo momento, eres bendecida desde la luz hasta que termines el delicado tejido de tu par de alas y seas capaz de usarlas.

Ya somos muchas las que estrenan y entrenan sus alas, y muy pronto seremos un planeta habitado por personas aladas que son capaces de volar, usando como motor de propulsión sus **SENTIMIENTOS MÁS PUROS; Por eso, ARRIÉSGATE A TOMAR DECISIONES.** Sigue paso a paso el plan de vida que una vez diseñaste y no te atreviste a cumplir. Continúa con tu limpieza vibracional eliminando cualquier residuo de vibraciones negativas que puedan rodear tu alma.

Algunas están estrenando alas, otras van orgullosas entrenándolas, y todavía quedan quienes aún no han podido ver crecer su bello par de alitas por haber estado ocupadas… (atrapadas en sus miedos) …

La mejor manera que tenemos de estrenar alas es poquito a poquito… un día un aleteo, otro "simular" un planeo sin soltar los pies, luego elevarnos… y de pronto ocurrirá. No te darás ni cuenta de que estás volando y observaras el paisaje desde otra perspectiva mucho más amplia y desde otro nivel de conciencia, pero para eso hay que atreverse, Debes hacer uso de esa pasión que te está inyectando la energía precisa para dar el gran salto. **SIENTE TU TRANSFORMA-CIÓN** y la energía que te impulsa a ser eso que siempre has sido… **MARIPOSA**, pero que olvidaste porque aprendiste a arrastrarte como una oruga en vez de volar como una preciosa y fuerte **MARIPOSA. Fuerte y frágil al mismo tiempo**.

Pero las nuevas alas no sirven para quien quiere seguir caminando con sus dos pies, hay que atreverse a usarlas. La vida lo sabe y está diseñada para eso. Por eso nos está quitando esa tierra firme de debajo de nuestros pies, sólo para que nos atrevamos a despegar el vuelo.

Pero... ¿SIGUES SIN TENER CLARO QUÉ ES VOLAR?

Volar es mirar hacia otros horizontes, volar es confiar en tus capacidades y creer que si puedes lograr lo que siempre has soñado, volar es tomar decisiones, optar por cosas mejores, por una vida más plena, volar es no ponerte límites, volar es correr un riesgo enfocándote en los resultados, es avanzar, es liberarte de las presiones del Ego. **VOLAR, ES SENTIR CON LA CABEZA Y PENSAR CON EL CORAZÓN, ES HACERLE CASO A TU ALMA, ES SER TÚ MISMA SINTIENDO TU PODER**.

¿A qué estas esperando?

En esa posición en la que cuelgas desde tus pies y cabeza hacia abajo en la fase oruga (victimismo + miedo), pudiste verlo todo desde otro punto de vista y fue así como tu visión respecto al mundo que te rodeaba cambió radicalmente. Perdiste el equilibrio que te daba estar posicionada firmemente sobre tus dos piernas y te dejaste mecer por los vientos de la experiencia, te entregaste de lleno y el destino te llovió, a veces suave y otras brutalmente..., **pero no perdiste la Fe en un futuro luminoso y permaneciste en total quietud y entrega**..., y así pasaba el tiempo mientras te transformabas..., **DEJASTE MORIR AL VIEJO SER PARA PODER RENACER EN LO QUE ERES HOY, MARIPOSA**.

¿Te dolió? Pues claro que te dolió, pero fue un dolor necesario porque era una opción tuya. Y también lloraste por perder todo lo que creías ser, pero el premio era tan grande, que soportaste cada lágrima porque sentías el deber de gestarte dentro el nuevo SER que irradiaba tanta y poderosa luz que te mantuviste firme esperando poder renacer de nuevo...

Después de tu gestación (el perdón + consciencia de tu ser + valentía, sintiendo el poder del **YO SOY**) ya te sientes lista para romper el capullo. Sientes que todo lo bueno está llegando a ti, dejas de ser ese gusanito de seda que se arrastraba y que trabajó "duro" para construir su capullo. Sientes que ha llegado el tiempo de ver la anhelada luz y luchas con todas tus fuerzas para alcanzar tu deseo de salir y volar, volar tan alto como te den las fuerzas y llenar de luz y color tu vida y la de los que te rodean, ya estás lista, y sales al exterior y te maravillas de todo lo que ves: Un mundo lleno de texturas y colores maravillosos, Multitudes de mariposas que reparten sus sonrisas y te rodean con amor, porque tu radias solo amor. Respiras amor y te sientes tan ligera… woow que lindo sentimiento…

RESPIRAS y miras hacia abajo para descubrir con sorpresa y felicidad que ya no caminas, sino que vuelas. El universo te premia…

Aquí está tu premio: YA TIENES ALAS.

Hacer conexión con el alma es primero desconectarte de todo ese ruido externo para sentir el silencio y ahí recién puedes escuchar el murmullo de tu alma ¡Y VOLVER A LEVANTAR TUS ALAS!

Siempre que abandonamos un lugar o espacio nos embarga la tristeza por lo que queda atrás y el temor por lo que tenemos adelante (nos atrapa el "miedo"). Las energías del momento presente están ajustadas para liberarnos de ese "miedo" que ha inventado nuestra mente, por ese sentimiento permitimos ahogarnos a ratos y queremos correr hacia lo nuevo… pero aún no hemos abandonado del todo el gobierno de **la razón** y es ella quien nos dice: ¡Detente! Y, aunque obedecemos, dentro de nosotras continúa el llamado a elevarnos, a abandonar este territorio donde no queda más que explorar (estado actual).

En lugar de preguntar si alguna vez podrás ser libre, porque "alguna vez" es una enorme cantidad de tiempo futuro, pregúntate si puedes ser libre en este momento. El único lugar donde puedes o necesitas ser libre es este mismo instante. No el resto de tu vida. **Justo el ahora.**

Solo existe el aquí y el ahora. Y ahora ERES MARIPOSA.

Es mi deber recordarte que las alas suelen llegar como recompensa a un trabajo realizado con conciencia, y con mucho amor hacia ti misma y hacia los que te rodean. **ES EL RESULTADO DE PERSE-VERAR EN EL DESPERTAR DE LA CONSCIENCIA**.

Y NADIE PUEDE PONERTE UN PAR DE ALAS, ERES TÚ QUIEN PRIMERO LAS CREA Y LUEGO LAS COLOCA SOBRE TUS HOMBROS PARA ENTRENARLAS DEBIDAMENTE Y DESPEGAR TU VUELO.

Tus alas se llaman autoconocimiento, aceptación, consciencia y conciencia, perdón, libertad, desapego, equilibrio, amor propio, persistencia, AUTOSANACIÓN, conexión con tu alma. Tienen colores azulados que gritan RENACIMIENTO y son tan livianas que no serán una carga sobre tus hombros. Al contrario, son tan ligeras que te permiten volar a lo más alto.

Tejer alas es crear una manera distinta de vivir, dejando atrás viejas formas de sentir/vivir tu vida, y que ya no te permitían ser tu misma.

 Eso requiere de mucho valor y valentía, y el Universo te regala tu precioso par de alas, porque te lo has ganado usando las energías que te brinda la fuerza universal para que por fin logres tocar tus sueños y vivir de ellos, no lo contrario.

 Y ahora despliega tus alas y a VOLAR.

...TU ERES MARIPOSA.

La Mariposa azul (الفراشة الزرقاء).

Te preguntarás de porqué mi libro se llama **YO SOY MARIPOSA**, y créeme que contarlo me sigue **EMOCIONANDO**.

Solía visualizar a mi abuelo Idrís desde muy pequeña, desde siempre me ha guiado, por lo cual mis padres siempre me han castigado por ser tan diferente.

Yo, con mi abuelo no hablaba mucho, porque si te acuerdas, mi madre me decía que para respetar a los mayores debo tener la cabeza agachada, y contra más calladita más educada seré. Entonces, me escondía para poder observarlo, me encantaba su sonrisa, sus ojos medio verdes y marrones, me quedaba embobada con él, pero le veía poco porque no podía visitarlo a menudo (si fuera por mi yo estaría con él todos los días, pero eso estaba en manos de los adultos…).

Tenía siete añitos, y vivía en Marruecos, en aquel entonces no teníamos agua potable en casa, tenía que ir a coger el agua en un sitio donde había muchos grifos para que la gente del pueblo pudiésemos coger agua.

En fin… estaba rellenando la garrafa y se acercó a mí la hermana de mi abuela paterna y me dijo en voz alta: —¡dile a tu madre que tu abuelo se murió anoche!

Me quedé pálida y no sabía cómo reaccionar, yo era una niña de siete años, y esa señora me lo dijo delante de mucha gente, con mucha naturalidad, como si no pasara nada.

Yo no sabía cómo reaccionar, era muy pequeña y era muy cobarde porque me daba miedo pegar un grito y que terminen pegándome.

Cogí la garrafa de agua y fui corriendo a mi casa. Mi madre no estaba, así que tenía oportunidad de llorar y gritar si hacía falta (una madre no le va a prohibir a su hija que llore, pero como mi madre en ese entonces era muy especial pues a mí me daba miedo todo).

Llegó mi madre y le dije indignada: —mi abuelo se ha muerto, y yo llevaba muchas semanas sin verlo, ¿por qué nunca me contaste nada? —le pregunté ansiosa —¿Por qué no me dejabas estar con él?

(Puff, lo cuento y se me pone un nudo en la garganta).

—Tu abuelo estaba muy enfermo —respondió —y al llevarlo al hospital, le amputaron la pierna y él no soportó el dolor; así que…

—Mamá, no me digas eso —dije llorando desconsolada.

Así me enteré yo de la muerte de mi amado abuelo. Desde entonces "jugaba" a visualizarlo. Me acariciaba, me contaba secretos, que al contarlos a mi madre se sorprendía muchísimo.

—Cómo pudiste saber tú todo eso — me preguntaba —¿quién te lo contó?

—Mamá te juro que fue el abuelo —respondía yo emocionada.

Desde entonces sigo "jugando" con él. El día 25 de marzo del 2017 meditando en el evento de Laín de ¡VUELVETE IMPARABLE! Visualicé a mi abuelo, pero esta vez fue mucho más intensa que nunca…

Me miró a los ojos, y me sonrió y me acarició la cara. Después puso su mano en mi corazón y salió una luz, me abrazó y me señalo con su dedo índice que mirara hacia mi derecha…

Había una portada de color negro, que ponía **YO SOY** en gris y una mariposa posando en la segunda **"Y"**.

Volvió a mirarme a los ojos y me dijo: —Nunca lo olvides —decía mientras miraba hacia el libro.

Me cogió suavemente de la mano y se fue deslizando sus dedos sobre los míos.

Y me dijo —céntrate, tú solo céntrate.

Y me susurró en el huido —suéltate el pelo, llevar el pelo así tanto tiempo no te permite pensar bien —dijo sonriendo.

(Yo suelo llevar siempre un moño, con el cual me duele la cabeza de tenerlo siempre tan tirante, lo llevo así porque soy muy activa y me agobia el pelo suelto, pero cuando me acuerdo me lo suelto ☺).

Abrí los ojos y minutos después comunicó Laín que tenía quince plazas para hacer "TU PRIMER BEST SELLER", y aquí estoy.

Actué de inmediato. Yo vi una señal, allí conecté con **mi propósito de vida**.

Buscando información sobre la mariposa me sorprendió que, dice lo siguiente:

Las mariposas tienen muchos significados en diferentes culturas, más comúnmente simboliza la vida, el amor, el RENACIMIENTO o el cambio y la paz. También se cree popularmente, que las mariposas simbolizan la esencia de una persona, su alma, en todos sus momentos: pasado, presente o futuro.

El color azul de la mariposa está asociado con la alegría o un cambio en la situación, por eso se cree que la mariposa azul concede deseos.

En la psicología, en la interpretación de los sueños, se ve a las mariposas azules como un símbolo de salud psíquica y de prestigio y felicidad.

YO SOY MARIPOSA aporta conexión y **PODER**, y te ayudará a **LI-BERARTE** y **VOLAR ALTO**.

Escribir este libro terminó de sanarme por completo, y espero que te sane a ti también.

GRACIAS, GRACIAS, GRACIAS por estar en mi mundo.

Ya te has transformado en MARIPOSA, ¿Y AHORA QUÉ VAS A HACER?

continuar con los siguientes libros para completar tu SAGA de **"YO SOY MARIPOSA" PARA TU TRANSFORMACIÓN COMPLETA**. Te voy a dar algunos detalles:

MI PRÓXIMO LIBRO DEL SEGUNDO TOMO DE LA SAGA:

MI PRINCIPE AZUL SOY YO.

Te sientes vacía, y vas buscando alguien que te cuide, o, mejor dicho; **Tu media naranja**, alguien que te ayude a sentirte mejor contigo misma. Te refugias en brazos de un hombre/mujer, o acudes a otras desecaciones…

Te cuento mi caso como fueron mis experiencias; Siempre he buscado un hombre que me quiera, un hombre que me haga sentir digna de ser amada, a ayudarme a sentirme plena. Y permíteme que te ahorre las molestias: **¡Eso no me sirvió de nada!**

Estuve años y años buscando ese príncipe azul con las cualidades que tiene que tener una pareja, y sólo me topaba con **SAPOS**.

Y pensaba: "como no estoy feliz con mi familia, al menos tener un hombre en condiciones que me haga olvidar esa triste vida que llevo"

Te aseguro que le pedía a Dios que me mande una señal, y solo me mandaba sapos, y más sapos ☺

¡¡Por más que rezaba no servía de nada!!

A ti no te pasaba eso de decir: "¿Este es el definitivo?"

Pues no eres la única, porque mi caso fue, que los siguientes fueron peores que el anterior.

No lo entendía, pensaba que es porque no tengo suerte en nada, y no paraba de sentirme mal.

Con los años me di cuenta de que lo que buscaba fuera lo tenía dentro de mí. Que lo primero que debería hacer era conectarme con mi niña interior, sanarme y después, sólo empiezo a atraer el mejor hombre hacía mí.

Lo explico con más detalle en mi próximo libro:

"MI PRINCIPE AZUL SOY YO".

Te ayudará a reconciliarte primero contigo misma, con tu PODER y después tu príncipe vendrá solo. ☺

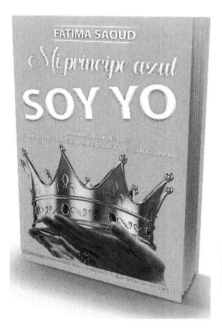

EL TERCER TOMO DE LA SAGA:

"NUTRIEMOCIÓN" CURA TU SOBREPESO EMOCIONAL.

Mi historia:

Pasé mucho tiempo sin prestar atención a las señales de mi cuerpo , pero nuestro cuerpo es más sabio que nosotros. Si no hubiera caído inválida seguramente no hubiese tomado consciencia de mi vida y de lo que me rodea.

Solía enfermarme con facilidad, y era la única de la familia que se cuidaba, y no te puedes imaginar hasta qué punto.

Te voy a contar cómo llegué a ese punto…

Tuve varias épocas en las cuáles me sentía infeliz. Tenía mucho sobrepeso que me afectó emocionalmente.

Me afectaba hasta en el carácter, mis conocidos me evitaban por esa "mala leche" que solía tener.

No le dejaba que me tocase mi pareja de aquel entonces; caí en la depresión, la inseguridad era "mi mejor amiga", y esto tuvo consecuencias como dejar de salir a la calle, me quedaba en mi casa aislada de todo el mundo, pensando que, si salgo a la calle, la gente me va a mirar solo por lo "gordita" que estaba o por la mala cara que me acompañaba a todos lados. La depresión me comía por dentro y no paraba de llorar.

La primera vez que engordé fue a los quince años, tenía más sobrepeso que esta última que tienes en la foto.

Cuando era pequeña, siempre estaba muy delgada (era un torbellino) no paraba quieta, y cuando me obligaban a estar en la monotonía, me enfermaba; eso iba en contra de mi naturaleza. Pero cuando vine a España me sentí muy feliz porque pensé - "si me voy, mi madre no tendrá más ocasión para pegarme". Mi sorpresa fue que mi padre era un padre muy ausente, y cuando sospechaba que yo me podría convertir en una mujer diferente, más me encerraba en casa.

Recuerdo que una vez me quedé sin salir a la calle más de 7 meses; porque también había dejado de ir a la escuela, realmente a mi padre no le interesaba que siguiese estudiando. Para él eso era una amenaza de que yo llegase a ser alguien que él no quiere…

Total, en esos siete meses encerrada a la casa, no teníamos espejo grande, sólo teníamos un espejo minúsculo medio roto para ver la cara, y yo estaba en pleno desarrollo, me acuerdo cuando mi padre decidió que fuéramos a vivir a Barcelona, en el coche le dije que quería ir al baño así que aparcó en una gasolinera.

Cuando me vi en el espejo ME ASUSTÉ, no creía que esa ¡¡ERA YO!!

Mi cuerpo estaba en pleno desarrollo, y como mi padre no me dejaba salir, ni estudiar, me dio sólo por comer, porque era lo único divertido que había en esa casa tan minúscula, ENGORDÉ MUCHÍSIMO, más que la foto que te he puesto arriba.

(Dicen que nadie cambia de la noche a la mañana, pero se equivocan.

Uno puede levantarse un día y decir… "Basta, ya no más")

"NUTRIEMOCIÓN" CURA TU SOBREPESO EMOCIONAL

Te daré el secreto para conseguirlo, porque **yo tardé 4 meses en volver a tener la SALUD el CUERPO** que tanto deseaba; y esto no se logra sólo por una dieta específica, hay que tener conciencia en varias cosas fundamentales, que te iré desvelando página a página de cómo se puede lograr sin fracasar en el intento.

Te dejo una pincelada; En las dos fotos practicaba deporte, y en la derecha, ¡¡practicaba más todavía!!

Soy coach Nutricional, Entrenadora personal de Fitness y coach Emocional y PNL. He juntado todos mis conocimientos basados en mi experiencia personal y en las experiencias de mis clientes/pacientes para **AYUDARTE A ENTENDER TU CUERPO, E INTERPRETAR CADA MENSAJE QUE TE REVELA TU EMOCIÓN** y así poder identificar entre el **HAMBRE EMOCIONAL** y el **HAMBRE FISICO**(real), **ALIMENTANDO LOS TRES CUERPOS**: C. Emocional, C. Físico, C. Espiritual. **SANANDO TU RELACIÓN CON LA COMIDA DESDE LA RAÍZ.**

TOCA COLOREAR.

Desde hace muchos años me ha encantado colorear, y eso me ha permitido expresar mis sentimientos cuando estaba alegre, deprimida, confusa, etc. Porque no podía escribir pensando que alguien lo puede leer, de hecho, yo nunca había escrito un diario antes, porque una de mis hermanas cogía a escondidas mis escritos, así que dejé de escribir. **En cambio cuando coloreaba me sentía más segura porque no todo el mundo sabe darle significado a lo que iba coloreando. así que no paraba de hacerlo** ☺

Entonces eso ya forma parte de mí, aunque ahora si puedo escribir y enseñarlo al mundo entero sin preocuparme en lo que dirán. El colorear sigue siendo en mi vida algo muy especial y me siento agradecida de ello. **Porque los colores han sido una verdadera compañía terapia para mí.**

Por eso te regalo amada Lector varios dibujos para que te expreses como te apetezca, donde y cuando quieras.

Formarán parte de ti y del libro **YO SOY MARIPOSA** para que estéis siempre unidos ☺

No esperes más tiempo, saca tus colores y deja que se expresen entre ellos. No te puedes ni imaginar cómo relaja la mente, ayudando a aclararla.

Piensa en una situación y comienza a colorear. SIENTETE LIBRE PARA EXPRESAR TUS EMOCIONES CON CADA COLOR. ¡¡LIBERATE!!

Puedes mandarme lo que coloreas y contarme cómo te has sentido, a mis redes sociales o correo electrónico. Me dará especial alegría ver cómo te expresas.

Te amo ♥

DALE COLOR A TU VIDA Y DÉJATE EXPRESAR A TRAVÉS DE SU MAGÍA.

 fatimasaoud0407

 Fátima Saoud Oficial.

Colorea esta mariposa que llevas dentro; EXPRÉSATE.

YO SOY Mariposa

¡Transfórmate a tu mejor versión, y ten en cuenta que, dándole color, todo se transforma!

**Por muy pequeños que sean los detalles, dale especial aten-
ción a todo lo que tocas.**

SIN PRISA, PERO SIN PAUSA.

199

¿Qué sentido tiene tu vida ahora mismo?

DESCRÍBELO TU MISMA...☺

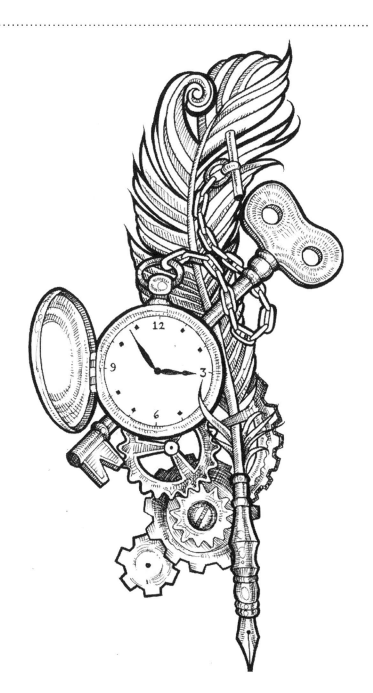

¿Te acuerdas del poder del YO SOY? Expresa como tomas las riendas de tu vida.

Y LAS PERSONAS QUE TE RODEAN ¿SON MARAVILLOSAS O TÓXICAS? EXPRÉSALO...

REGÁLATE UN SOPLO DE ALEGRIA EN CADA INSTANTE; PORQUE TE LO MERECES.

ॐ

¿SIGUES FINGUIENDO LO QUE NO ERES?

ENTRE LA MULTITUD ¿SIGUES DERROCHANDO HONESTIDAD HACIA TI MISMA, SIENDO AUTÉNTICA?

Y LA MELODIA DE TU CORAZÓN ¿CÓMO SUENA? ☺

¿Qué tal fue tu experiencia?

Puedes compartir tus dibujos coloreados de "YO SOY MARIPO-SA" en mis redes sociales ☺

 fatimasaoud0407

 Fátima *Saoud Oficial.*

 fatimasaoud0407@gmail.com

Espero que te hayan gustado, tanto como a mí estos dibujos para colorear. **Próximamente vas a disponer de más dibujos personalizados y diseñados por mí**, para que sigas expresándote sin parar con los colores que más te ayudan a relajarte y conectarte con tu **MARIPOSA INTERIOR, acompañándote en tu gran transformación**.

Porque si estos maravillosos dibujos te han encantado, los próximos te van a dejar PATIDIFUSA. ☺

"EXPRÉSATE COLOREANDO"

¿ME AYUDAS A SEMBRAR MÁS SEMILLAS DE VALENTÍA?

Todos nos merecemos transformarnos en MARIPOSAS.

El 10 % de las ganancias de este libro irán destinados a causas benéficas, así que CUANTAS MÁS PERSONAS SE BENEFICIAN DEL LIBRO, MÁS PERSONAS AYUDAREMOS JUNTOS.

Quiero ayudar a esas personas que no pueden tener ni lo más básico, a niños y niñas, y sobre todo a esas chicas en aquellos países que las matan o queman vivas, o meten en la cárcel por haberse quedado embarazadas.

¡Lo he vivido de cerca! Y sé lo que se siente…

¿Te acuerdas cuando te conté en mi historia personal, cuando mi tía se quedó embarazada, la pegaron brutalmente y la llevaron a la cárcel 6 meses?

Pues lo que le hicieron a mi tía no era tan fuerte como las cosas que te voy a contar. Hay muchas chicas que las matan a pedradas, las queman vivas, le hacen de todo… y **lo más llamativo**, que eso se **lo hacen sus propios familiares para proteger su honor**.

Muy pocas sobreviven a un maltrato de esa categoría. Lo mínimo termina con un aborto instantáneo, y después si en su país su ley es más "amena" por no llamarla de otra cosa… como en mi país, la meten en la cárcel unos meses. Y aunque nazca su bebé mientras la encarcelan, éste PERMANECE CON ELLA AHÍ mientras los maltratan a los dos. O otros países más radicales LAS MATAN, y te repito; **LO HACEN SUS PROPIOS FAMILIARES, y LA LEY QUE TIENEN LO PERMITE**.

ESE MIEDO LO HE VIVIDO YO EN MIS PROPIAS CARNES, y sé cómo se siente una estando embarazada, que tenga miedo de que le hagan daño a ella y a su bebé.

Te voy a contar un secreto que llevo tres años guardando y que me mata por dentro. Y que seguramente me va a meter en conflictos con mi familia, pero sinceramente, cada vez que veo alguna injusticia como esta, se me pone el corazón a mil. Y solo busco la manera de cómo puedo ayudar a esa niñas y mujeres.

MI SECRETO.

Llevo tres años guardándolo como si fuera una tumba. Tenía miedo a defraudar una vez más a mi familia, pero sobre todo tenía enormes ganas de ser madre.

Después de pelearme con mi madre y quedarme inválida, y ver que mi familia ya no quería saber nada de mí, porque una de las vecinas me vio con una mini falda, imagínate contarle a mi madre que **¡ME HABÍA QUEDADO EMBARAZADA SIN HABERME CASADO!**

Tenía muchísimo miedo, no sabía qué hacer. Abortar no entraba en mis planes porque deseaba con toda mi alma tener ese bebé entre mis brazos, pero pensar que incluso mi familia me puede matar si se llega a enterar.

Y vivir en Europa no le quita (el derecho) a mi padre que lo haga, mi padre por el honor de su familia es capaz de matarme a golpes.

Te estoy contando eso, y mi hijo está detrás mía llamándome la atención para que juegue con él… no me imagino mi vida sin él. Y me pongo en la piel de esas mujeres que no pueden disfrutar de lo mismo, me rompe el corazón.

A lo que iba…

Cuando me enteré de que estaba embarazada yo vivía en Londres, pero el padre del niño vive en Almería. Yo me sentía sola, quería estar con él, pero él no podía vivir allí y dejar su trabajo.

No sé que me estaba pasando por la cabeza o, mejor dicho, las hormonas pensaban por mí".

No sé si sabes cuando una mujer está embarazada hasta qué punto es capaz de llegar.

Dejé mi negocio, mi aprendizaje, todo para **ir a vivir en la misma ciudad donde vive mi pareja y mi familia**.

¿Cómo te quedas?

¿De valientes verdad?

Pues no te creas, por dentro estaba muerta de miedo, pero el estar sola en Londres sin mi pareja me entristecía, sobre todo en ese estado. Quería estar con el papá de mí bebe.

Al volver a España, y encontrarme con mi familia decidí MENTIRLES.

Estaba embarazada y no quería alterarme, quería velar por bienestar de mi bebé, no vaya a ser que me hagan algo….

¿Y sabes cuando se enteraron?

No se han enterado todavía, **SE ENTERARÁN EN ESTAS PÁGINAS QUE KEVIN IDRÍS NACIÓ SIN HABERME CASADO**.

¿Cuántas mujeres conoces tú que hayan pasado por esto?

MENTI para proteger a mi hijo.

Sabía que al decirle a mi madre que me casé a sus espaldas, estando embarazada, se enfadaría, pero al menos se sentiría un poco aliviada, de que ya estoy casada, aunque lo haya hecho a sus espaldas.

Así que cuando la tuve enfrente de mí, **le enseñé la licencia que me dieron en el ayuntamiento de Londres para abrir un local de masajes y pilates, haciéndola entender de que es mi justificante de matrimonio**.

Como ella no sabe inglés ni nadie de la familia, pensé que es buena solución. Que así me dejarían llevar un embarazo tranquilo.

Se enfadaron mucho, porque la gente iba a hablar de mí, y muchas personas de la familia lo hicieron, y me criticaron, y que soy una P…, estaba en la boca del lobo…

No sé cómo tuve esa valentía de llegar esos extremos y estar cerca de ellos.

Eso no podría hacerlo en Marruecos, ya que mi padre se encargaría de matarme (por gracia o desgracias nos abandonó y no sabemos dónde está), y sino lo haría mi hermano o alguno de mis tíos a hacer la faena... Y directamente yo iría a la cárcel por pecadora.

Yo tuve suerte, PERO MUCHAS MUJERES NO. Por eso me gustaría poder ayudarles de alguna manera.

Queda mucho por aportar al mundo, porque para cambiar nuestro mundo, primero debemos cambiar nosotras, y la **ACCIÓN ES LA LLAVE**. Por eso crear una fundación a nombre de mi hijo Kevin Idrís y de esos bebés que deben llegar a ver la luz. **Mi hijo tuvo suerte**. ahora toca ayudar a más vidas.

MILLONES DE GRACIAS POR TU APORTACIÓN. SIGNIFICA MUCHO PARA MÍ TU APOYO. PORQUE JUNTOS LLEGAREMOS A MÁS PERSONAS. JUNTOS ARÉMOS DE NUESTRO MUNDO UN MUNDO MUCHO MEJOR ♥ ♥ ♥

AGRADECIMIENTOS.

En primer lugar, GRACIAS y MILLONES de GRACIAS a mi precioso bebé, Kevin Idrís por aguantar mi (ausencia). Aunque has estado a mi lado en todo momento, el estar más pendiente de escribir **YO SOY MARIPOSA**, y tú llamándome la atención de la mejor forma que sabes... Millones de gracias hijo por colaborar en esta metamorfosis con mamá. Gracias por esos abrazos y besos que me regalabas cada vez que estaba escribiendo y no jugando contigo. Fueron unas cuantas semanas, pero muy intensas para los dos, recuerdo con ternura esos días que te quedabas dormido en mis brazos, mientras yo escribía. Gracias por aterrizar en este maravilloso viaje conmigo.

Te amo bebé ♥

Gracias abuelo Idrís por esa fortaleza que me mandas desde el cielo. Cada vez que he querido tirar la toalla, ahí aparecías tú con tus caricias en mi alma, susurrándome al oído los pasos que debía de seguir. **Gracias por acompañarme todos estos años**.

Te amo abuelo ♥

Gracias Jose Antonio Jiménez Ropero por brindarme el mejor regalo del mundo que es nuestro hijo Kevin Idrís. Y por todo lo que me has aportado. Gracias, Gracias, Gracias ♥

YO SOY MARIPOSA no hubiera sido posible sin vosotr@s. Muchas gracias por aportar vuestro granito de arena: Millones de Gracias **Laín García Calvo** por tus mentorías y por estar en este gran proyecto de mi vida. Eres un gran ejemplo a seguir. Una vez más me demostraste CON HECHOS que SÍ SE PUEDE. Gracias, Gracias, Gracias ♥

Millones de gracias a mis queridísimas amigas; **Vanessa Serguí Díez, Elena Gonzales Leiton y Izaro Lasa Aguirre** por esta maravillosa y mágica unión, por estar siempre a mi lado en este viaje lleno de emociones, y que siempre habéis estado dispuestas a ayudarme a expresar mejor mi mensaje. GRACIAS, GRACIAS, GRACIAS por vuestro apoyo incondicional. Os estaré eternamente agradecida ♥

A mis compañeras y amigas: **Angela Abella, Rochel Martínez Arenas, Carmen Conde,** y muchas más personas han aportado su buena vibración a este maravilloso libro. MILLONES DE GRACIAS por toda esa experiencia tan mágica ♥

Gracias **María Dolores Corral Ruiz** por tus maravillosos poemas personalizados para mi obra. Millones de gracias por ser tan TÚ.

Gracias **Toni Sánchez Sánchez** por colaborar a que se conozca mi obra en línea ♥

Gracias a mi querida maquilladora **Inma Gonzales Rodríguez** por tu paciencia y dedicación ♥

Gracias **Jose Platas** por tus sabios consejos y ser tan creativo. Nos esperan grandes proyectos juntos ♥

Amig@s, GRACIAS, GRACIAS, GRACIAS por vuestro apoyo.

Os amo ♥

Gracias a todas y cada una de las personas que se han cruzado durante el trayecto de mi vida, aquellas que han sumado y sobre todo a las que han restado; gracias a ell@s he aprendido a conectar más con mi niña interior y a valorarme más y más y convertirme en **MARIPOSA**. Gracias♥

Y por su puesto a ti lector/a, gracias por tener y sentir la vibración de mi libro **YO SOY MARIPOSA**. Sin ti no sería posible todo esto. **GRACIAS, GRACIAS, GRACIAS** ♥

LA VOZ DE TU ALMA.

¿Te ha pasado alguna vez que ves el título de un libro y te quedas embrujada?

Pues eso mismo me pasó a mí con el libro **de LA VOZ DE TU ALMA**.

Cuando lo vi supe que lo tenía que leer, que ese libro era para mí.

Al empezar a leerlo me quede sorprendida, porque hacía mucho tiempo que leía libros de metafísica, de la ley de la atracción y leyes universales, pero me llamo la atención la manera tan coloquial con la que Laín hablaba del tema.

Utiliza un lenguaje asequible y lógico y muy entendible para cualquier tipo de persona, cosa que agradecí, porque mi primera lengua no es la española, como ya sabes, y este libro no me costó nada leerlo. Por eso creo que es un libro que es apto para cualquier tipo de público, se lo recomiendo a todo el mundo, que esté interesado en escuchar la **VOZ DE SU ALMA** desde los más pequeños, hasta los más mayores de la casa, te puedes sorprender de lo que tenemos en nuestro interior.

La **VOZ DE TU ALMA** es un libro que nos ayuda a sacar la mejor versión de nosotros mismos y de la vida. Nos ayuda, si seguimos sus pasos a encontrar Nuestro Propósito de Vida, para que luego lo podamos poner al servicio de los demás, porque no debemos olvidar que aquí venimos a ayudar.

Pero como bien dice Laín en su libro, primero hazte Grande, atrévete a brillar, y cuando estés arriba, entonces es cuando podrás ayudar.

¡Permítete brillar!

GRACIAS, GRACIAS, GRACIAS Laín por transmitir con tanta claridad y sencillez los principios de las leyes universales.

Y Gracias a ti, Lectora por optar por tu EVOLUCION MASIVA.

GRACIAS, GRACIAS, GRACIAS ♥

¡SI SE PUEDE!

🕉

"Ya tienes alas. Sigue volando , y si encuetras en el camino a alguna oruga perdida, confusa, ayudala a transformarse en MARIPOSA.

Ayudame a crear una gran comunidad de MARIPOSAS, aconsejando y/o regando mi obra a las personas que más lo necesiten. Recuerda: Dar = Recibir"

GRACIAS, GRACIAS, GRACIAS por contribuir ♥

ESTOY PARA SERVIRTE.

Si necesitas más información sobre mis mentorias privadas o progra-
madas online. O adquirir mis libros, charlas o conferencias. O suge-
rencias o alguna duda, puedes contactarme en:

info@fatimasaoud.com

o

Llama a este telefono movil o manda un whatsapp: (+34)
694440495

o

Consultar mi web: www.fatimasaoud.com

TE ATENDERÉ CON MUCHO GUSTO.

GRACIAS POR SER Y ESTAR ♥

FÁTIMA SAOUD

Mi príncipe azul

SOY YO

¿LO AMAS O LO NECESITAS?
SIENTE ESE FEELING QUE BUSCAS EN OTR@S CONTIGO MISM@

NO BUSQUES MÁS A TU PRÍNCIPE IDEAL, OCÚPATE DE TU REINO ANTES DE QUE LLEGUE EL

FÁTIMA SAOUD

NutriEmoción

Cura Tu Sobrepeso Emocional

10076202R00139

Printed in Germany
by Amazon Distribution
GmbH, Leipzig